"博学而笃志，切问而近思。"
　　　　　　　　　　(《论语》)

博晓古今，可立一家之说；
学贯中西，或成经国之才。

复旦博学·复旦博学·复旦博学·复旦博学·复旦博学·复旦博学

作者简介

姜波克，复旦大学教授、博士生导师，1954年12月生，1982年毕业于复旦大学管理科学系本科，1985年毕业于复旦大学世界经济系获硕士学位，1992年获英国Sussex大学博士学位。担任教育部社会科学委员会经济学部委员，中国金融学会常务理事。著有《人民币自由兑换论》《人民币均衡汇率问题研究》等著作。曾荣获上海市及全国优秀博士后称号，教育系统全国劳动模范，长江学者特聘教授，享受国务院突出贡献特殊津贴，主持过多项国家级、省部级及国际合作项目。主编的教材和科研成果获多项省部级和国家级一等奖。

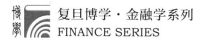

复旦博学·金融学系列
FINANCE SERIES

国际金融新编
习题指南 （第五版）

姜波克　刘沁清　编著

STUDY GUIDE
FOR INTERNATIONAL FINANCE

复旦大学出版社

内容提要

本书是《国际金融新编》(第六版)的配套习题集,全书共有五大部分:第一部分为《国际金融新编》(第六版)术语和定义速查;第二部分为各章练习题,包括判断题、不定项选择题、简答题、论述题、计算题;第三部分有十套模拟试题;第四部分有难度较高的三套B级模拟试题;第五部分为习题答案。本书适合高等院校经济类、管理类专业师生作为国际金融教材参考书使用,同时亦可供金融类考研学生参考。

第 五 版 说 明

自1997年《国际金融新编》第二版出版以来,《国际金融新编习题指南》就一直作为教材的配套辅导用书而历次更新。2018年,复旦大学出版社出版了《国际金融新编》第六版,这本教材包含了我们这几年来的一些最新研究成果和教学体会,并对原有的知识叙述体系作了一些调整和改动,尤其是在探索适合我国国情的国际金融学研究方面做了一番努力。为了让读者更好地掌握教材中所介绍的知识,在完成教材后,我们马不停蹄地开始了对《国际金融新编习题指南》的修订。目前出现在读者面前的习题指南,相信能够为读者的学习带来一定的帮助。

和上一版习题指南相比,本版习题指南基本保持了原来的风格和内容,修订的内容主要体现在以下几个方面。

第一,删掉了一些老旧的内容,增加了一些与《国际金融新编》(第六版)新增内容相对应的内容。总体上看,本版习题指南与《国际金融新编》(第六版)更加匹配。

第二,《国际金融新编》中与中国国情有关的内容,在上一版习题指南中反映得较少,而在本版习题指南中则有所增加。

第三,增加了计算题和综合分析题,也增加了部分对传统经典理论进行质疑和讨论的题目,以反映时代的变迁和提高分析创新能力。同时,将难度较高的题目统一归并,形成了模拟试卷B。

本版习题指南以"术语和定义速查"的形式集中列举了《国际金融新编》(第六版)中所提到的各种术语和定义,读者可以将该部分作为学习教材时的速查手册;与之对应的,在各章习题中也不再对名词解释进行重复。本书的习题答案通过对问题的回答,归纳了教材中的重要知识点,并对某些知识在深度和广度上作了适当拓展,部分题目在答案之外还另外附加了说明,希望能够帮助读者举一反三,加深对问题的思考。

需要特别指出的是,本习题指南并没有囊括教材的全部内容和知识点,所提供的习题答案和名词解释,也仅仅具有参考的作用,它们不能代替教材,也不能代替老师课堂的讲解,更不能代替系统的学习,请读者注意这一点。

本版习题指南的出版是历届各版习题指南编著者集体劳动的成果。同时,责任编辑岑品杰同志也付出了辛勤劳动,在此一并致谢。对本版习题指南中难免存在的错误和缺点,欢迎读者批评指正。

编 者

2018 年夏

目 录

第一部分　《国际金融新编》(第六版)术语和定义速查……………… 1
 第一章　导论……………………………………………………… 3
 第二章　国际收支和国际收支平衡表…………………………… 4
 第三章　汇率基础理论…………………………………………… 11
 第四章　内部均衡和外部平衡的短期调节……………………… 19
 第五章　内部均衡和外部平衡的中长期调节…………………… 22
 第六章　外汇管理及其效率分析………………………………… 25
 第七章　金融全球化对内外均衡的冲击………………………… 31
 第八章　金融全球化下的国际协调与合作……………………… 36

第二部分　各章练习题………………………………………………… 43
 第一章　导论……………………………………………………… 45
 第二章　国际收支和国际收支平衡表…………………………… 46
 第三章　汇率基础理论…………………………………………… 52
 第四章　内部均衡和外部平衡的短期调节……………………… 57
 第五章　内部均衡和外部平衡的中长期调节…………………… 62
 第六章　外汇管理及其效率分析………………………………… 68
 第七章　金融全球化对内外均衡的冲击………………………… 73

第八章　金融全球化下的国际协调与合作 …………………… 78

第三部分　模拟试题（A） ………………………… 83
模拟试题一 ……………………………………………… 85
模拟试题二 ……………………………………………… 88
模拟试题三 ……………………………………………… 91
模拟试题四 ……………………………………………… 94
模拟试题五 ……………………………………………… 96
模拟试题六 ……………………………………………… 99
模拟试题七 ……………………………………………… 102
模拟试题八 ……………………………………………… 104
模拟试题九 ……………………………………………… 106
模拟试题十 ……………………………………………… 108

第四部分　模拟试题（B） ………………………… 111
模拟试题十一 …………………………………………… 113
模拟试题十二 …………………………………………… 119
模拟试题十三 …………………………………………… 126

第五部分　习题答案 ………………………………… 135
第一章　导论 …………………………………………… 137
第二章　国际收支和国际收支平衡表 ………………… 140
第三章　汇率基础理论 ………………………………… 159
第四章　内部均衡和外部平衡的短期调节 …………… 172
第五章　内部均衡和外部平衡的中长期调节 ………… 188
第六章　外汇管理及其效率分析 ……………………… 202
第七章　金融全球化对内外均衡的冲击 ……………… 219

第八章　金融全球化下的国际协调与合作……………… 235
模拟试题一……………………………………………… 250
模拟试题二……………………………………………… 251
模拟试题三……………………………………………… 252
模拟试题四……………………………………………… 253
模拟试题五……………………………………………… 254
模拟试题六……………………………………………… 256
模拟试题七……………………………………………… 258
模拟试题八……………………………………………… 259
模拟试题九……………………………………………… 260
模拟试题十……………………………………………… 261
模拟试题十一…………………………………………… 262
模拟试题十二…………………………………………… 267
模拟试题十三…………………………………………… 273

参考书目………………………………………………… 280

第一部分 《国际金融新编》(第六版)术语和定义速查

第一章 导 论

本章内容略

第二章　国际收支和国际
收支平衡表

国际收支(Balance of Payments)：一国在一定时期内全部对外往来的系统的货币记录。

国际收支平衡表(Balance Sheet of Payments)：将国际收支记录按照特定账户分类和复式计账原则而编制的会计报表，其特定账户可以分为经常账户、资本与金融账户、错误和遗漏账户这三个一级账户，每个一级账户下又包含若干个二级账户，每个二级账户下又包含若干个三级账户。账户体系涵盖了一国所有对外交易的类别。

经常账户(Current Account)：在国际收支平衡表中，对实际资源的国际交换和流动进行记录的账户，包括贸易账户(含货物和服务两个子账户)、初次收入账户以及二次收入账户这三个二级账户。二次收入账户又可称为经常转移账户。

离岸价(FOB，Free On Board)：装运港船上的交货价，是指卖方在约定的装运港将货物交到买方指定的船上。买卖双方费用和风险的划分，以装运港船舷为界。

到岸价(CIF，Cost Insurance and Freight)：货物成本加保险费加运费。货价构成因素中除包括货物本身价格外，还包括从转运港至约定目的港的通常运费和约定的保险费。

资本和金融账户(Capital and Financial Account)：在国际收支平衡表中，对资产所有权在国际间流动进行记录的账户，包括资本账户(Capital Account)和金融账户(Financial Account)两大部分。资本账户包括资本转移和非生产、非金融资产的收买和放弃，金融账户包括引起一个经济体对外资产和负债所有权变更的所有权交易。按投资类型,金融账户包括直接投资、证券投资、金融衍生工具、其他投资以及储备资产这五类。

错误和遗漏账户(**Errors and Omissions Account**):国际收支平衡表中,为归结经常账户与资本和金融账户中的统计误差和人为差异而设立的抵消账户,数目与经常账户与资本和金融账户之和的余额相等、方向相反。

记账货币(**Recording Currency**):国际收支平衡表记录、核算交易金额时所使用的货币。在国际收支平衡表记账时,以不同货币结算的对外交易,需要按记账货币和具体交易货币之间的比价(即汇率)折算为记账货币。大多数国家使用美元作为记账货币。又称记账本位币。

自主性交易(**Autonomous Transactions**):对外经济交往中,个人、企业、机构为某种自主性目的(如追逐利润、旅游、汇款赡养亲友等)而进行的交易。国际收支差额一般指的就是自主性交易形成的差额。

补偿性交易(**Compensatory Transactions**):对外经济交往中,为弥补自主性交易不平衡而发生的交易,如为弥补国际收支逆差而向外国政府或国际金融机构借款、动用官方储备等。

贸易收支差额(**Balance of Trade**):国际收支平衡表中,一国在一定时期内贸易账户下的出口与进口的差额。当出口大于进口时,称作贸易盈余或贸易顺差(Trade Surplus);反之,则称作贸易赤字或贸易逆差(Trade Deficit)。

经常账户收支差额(**Balance on Current Account**):包括有形货物、无形货物(即服务)、初次收入和二次收入(经常转移)账户在内的收支差额。前两项构成经常项目收支的主体,它综合反映了一个国家的进出口状况(包括无形进出口,如劳务、保险、运输等)及第一产业、第二产业和第三产业的综合竞争能力,同时还反映了一国对外投资为本国带来收益的状况,因而被各国广为使用,并被当作制定国际收支政策和产业政策的重要依据。

基本账户差额(Basic Balance)：经常账户与长期资本账户(包括直接投资、证券投资、金融衍生工具以及其他投资账户中偿还期限在一年以上部分)合计的差额。

综合账户差额(Overall Balance)：经常账户与资本和金融账户中的资本转移、直接投资、证券投资、金融衍生工具以及其他投资账户所构成的余额。

外汇收支差额：国际收支平衡表编制时，一国的每一笔对外交易无论是否涉及货币(外汇)支付都要被记录到国际收支平衡表中。其中，涉及货币(外汇)支付的部分并且该支付是以外汇进行的，那么，外汇的收入和支出相抵后便形成外汇收支差额。外汇收支差额直接影响外汇市场上的供求，从而直接影响外汇市场上的汇率。

国际收支的临时性不平衡：短期的、由非确定或偶然因素引起的国际收支失衡。程度一般较轻，持续时间不长，带有可逆性。

国际收支的结构性不平衡：国内经济、产业结构不能适应世界市场的变化而发生的国际收支失衡。结构性不平衡通常反映在贸易账户或经常账户上，它具有长期的性质，扭转起来相当困难。

国际收支的货币性不平衡：一定汇率水平下，国内货币成本与一般物价上升而引起出口货物价格相对高昂、进口货物价格相对便宜，从而导致的国际收支失衡。在这里，国内货币成本与一般物价上升的原因被认为是货币供应量的过分增加。

国际收支的周期性不平衡：一国经济周期波动所引起的国际收支失衡。其他条件不变时，一国经济处于衰退期时，进口需求相应下降，国际收支发生盈余；一国经济处于繁荣期时，进口需求相应增加，国际收支发生赤字。

国际收支的收入性不平衡：一国国民收入相对快速增长而导致进口需求的增长超过出口增长所引起的国际收支失衡。国民收入相对快速增长的原因是多种多样的，可以是周期性的、货币性的，或需求处在高速增长阶段所引起的。

国际收支的预期性不平衡：预期因素从实物流量和金融流量两方面对国际收支产生影响。从实物角度而言，当预期一国经济将快速增长时,本国居民和外国投资者将增加在本国的实物投资,出现资本品进口的增加和经常账户的逆差。从金融角度而言,在资金自由流动的情况下,对本国经济增长和证券价格上升的预期会吸引国外资金流入本国并直接投资于本国的证券市场,带来资本和金融账户的顺差。除此之外,对政治局势、宏观政策以及其他重要事件的预期也会引起资金的跨国流动,从而影响国际收支。

国际收支的币值扭曲性不平衡:币值扭曲是指本国货币与外国货币之间的名义比价长期偏离实际比价。这种扭曲会在价格上影响本国商品的国际竞争力,从而造成本国的国际收支失衡。币值扭曲多半由僵硬的汇率制度或宏观经济政策的长期失误所造成。

可维持的国际收支差额(Sustainable Balance of Payments):一定时期内,一国在不采用危害国内均衡或以邻为壑措施的前提下,国际收支差额可以被下一段时间内的国际收支反差额所弥补,或某类账户的差额可以被另一类账户的反差额所弥补。

国际收支调节的货币—价格机制:国际收支自动调节机制的一种。当一国国际收支发生逆差时,对外支付大于收入,货币外流,在其他条件既定下,本国物价水平下降,本国出口商品也因此而相对便宜,进口商品相对昂贵,出口相对增加,进口相对减少,贸易逆差因此而得到改善。当国际收支顺差时,情况正好相反。

国际收支调节的收入机制:国际收支自动调节机制的一种。当国际收支逆差时,对外支付增加,国民收入水平下降。国民收入下降引起社会总需求下降,进口需求下降,从而贸易收支得到改善。当国际收支顺差时,情况正好相反。

国际收支调节的利率机制:国际收支自动调节机制的一种。当国际收支发生逆差时,本国的货币存量减少、利率上升,资金外流减少或资金内流增加,国际收支改善。当国际收支顺差时,情况正好相反。

国际收支调节的支出转换型政策(Expenditure-Switching Policy):不改变社会总需求和总支出,而改变需求和支出方向的政策,主要包括汇率政策、补贴和关税政策,以及直接管制。

国际收支调节的支出增减型政策（Expenditure-Changing Policy）：改变社会总需求或支出总水平的政策，其目的是通过改变需求总量来改变对外国商品、劳务和金融资产的需求，达到调节国际收支的目的，主要包括财政政策和货币政策。

国际收支调节的融资型政策：通过官方储备和国际信贷便利的使用来调节国际收支的政策。融资政策与调节社会总需求的支出政策之间，具有一定的互补性与替代性。

国际收支调节的供给型政策：主要包括产业政策和科技政策。供给政策旨在改善一国的经济结构和产业结构、增加可出口商品和劳务的生产、提高产品质量、降低生产成本，以此达到改善国际收支的目的。供给政策的特点是长期性，在短期内难以有显著的效果，但它可以从根本上提高一国的经济实力和科技水平，从而为实现外部平衡创造条件。

国际收支调节的道义型政策：政府在经济和行政手段之外所采取的、没有强制约束力的收支调节政策。道义型政策的效果一方面取决于政府号召力和公信力的大小，另一方面也与国际收支不平衡的性质有关。长期的收支不平衡不可能仅仅通过道义手段来消除，而必须配合经济本身的调整。

国际收支调节的弹性论（Elasticity Approach to the Balance of Payment）：这是关于汇率变动对贸易收支差额的影响取决于贸易商品价格弹性的一种理论，是罗宾逊夫人等在马歇尔微观经济学的基础上提出的。这个理论认为：汇率变动后，进出口商品价格和进出口数量都发生改变，这两者变动的共同影响反映在两国商品的价格弹性上，经过J曲线效应，最终决定国际收支的变动方向和数量。同时，这个理论还指出了汇率变动（贬值）改善贸易收支的前提是马歇尔-勒纳条件成立。

价格弹性（Price Elasticity）：衡量某种商品需求或供给变动对价格变动敏感度的指标，分为需求价格弹性（Price Elasticity of Demand，简称需求弹性）和供给价格弹性（Price Elasticity of Supply，简称供给弹性）。具体来说，是需求（供给）数量变动的百分比与价格变动的百分比之比。

马歇尔-勒纳条件(Marshall-Lerner Condition)：一国货币贬值能带来该国国际收支改善的必要条件，是该国出口商品和进口商品的需求价格弹性之和大于1。

J曲线效应(J-Curve Effect)：在短期内，本币贬值有可能使贸易收支继续恶化，待出口供给和进口需求作了相应的调整后，贸易收支才慢慢开始改善。以时间为横轴，贸易收支余额为纵轴，本币贬值后贸易余额先向下变动(恶化)，其后向上变动(改善)，曲线呈J形，因此，贬值对贸易收支改善的时滞效应，被称为J曲线效应。

贸易条件(Term of Trade)：又称交换比价，是指一国出口商品单位价格指数(P_x)与进口商品单位价格指数(P_m)之间的比例。当P_x/P_m上升，称为贸易条件改善，表示本国单位出口商品能够换取更多的进口商品；当P_x/P_m下降，称为贸易条件恶化，表示本国单位出口商品只能换取更少的进口商品。

大国经济和小国经济：根据各国在世界经济体系中的地位不同所做的分类。大国经济意味着本国是价格的制定者，小国经济意味着本国是价格的接受者。就具体产品而言，有定价权的产品是大国经济产品，无定价权的产品是小国经济产品。

国内吸收(Domestic Absorption)：国内消费(C)、投资(I)和政府支出(G)之和，用A表示。它表示一国国内需求的商品和服务总量。当国内吸收小于国内产出时，产出多余的部分转化为出口；当国内吸收大于国内产出时，产出不足的部分由进口来满足。

边际吸收倾向(Marginal Propensity to Absorption)：每增加一个单位收入所带来的国内吸收增加数量。

闲置资源(Idle Resources)：也可称为闲置生产要素，指已存在，但未进入生产领域的资源或生产要素，如失业的劳动者、闲置的土地和生产设备等。

国际收支调节的吸收论(Absorption Approach to the Balance of Payment)：国际收支调节的吸收论是由亚历山大(S. Alexander)在凯恩斯宏观经济学的基础上提出的。这个理论认为：国际收支是本国产出与本国吸收的差额。当本国产出超过本国吸收时,多余的产出便出口,形成国际收支盈余;反之,当本国产出低于本国吸收时,产出不足的部分则由商品进口来弥补,形成国际收支赤字。吸收论的基本公式是:$B=Y-A$。其中,B表示由贸易收支代表的国际收支差额,Y表示总产出或总收入,A表示国内吸收。当国际收支发生逆差时,吸收论主张用支出增减型政策(紧缩)来控制A从而减少对外支出,同时,为了减少支出增减型政策对产出的负面影响,用支出转换型政策(汇率)来刺激出口增加收入(Y),从而达到既改善国际收支又保持经济稳定和增加的目的。吸收论上述政策主张达到目的的条件是边际吸收倾向小于1并且社会上存在出口生产扩大所需的闲置生产资源。同时,它还假定贬值能扩大出口,即马歇尔-勒纳条件成立。

国际收支调节的货币论(Monetary Approach to the Balance of Payment):货币论是弗兰柯(J. Frenkel)和约翰逊(H. Johnson)在货币主义学说的基础上提出的。他们认为国际收支问题可以从货币数量的角度来加以说明。国际收支是本国居民调整货币余额的过程。当本国的货币供应超过居民的货币需求时,居民就向国外购买商品,形成国际收支逆差,通过货币外流来减少货币存量,从而使货币存量重新等于货币需求;反之亦然。货币论的基本公式是:$\Delta R=\Delta M^d-\Delta D$。其中,$R$表示国际收支,$M^d$表示本国的名义货币需求,$D$表示本国中央银行可控的名义货币供给。如果国际收支发生逆差,中央银行可以通过以下两种方法来加以纠正:减少货币供给D,或通过让本币贬值来提高本国的名义货币需求M^d。本国名义货币需求由实际货币需求和本国价格水平决定,而本国价格水平又会随本币贬值而上升,也就是说,货币论认为购买力平价成立。

第三章 汇率基础理论

外汇（Foreign Exchange）：外国货币，或以外国货币表示的、能用来清算国际收支差额的资产。一种外币及其所表示的资产（各种支付凭证和信用凭证）成为外汇有三个前提条件：第一，自由兑换性，即这种外币能自由兑换；第二，普遍接受性，即这种外币在国际经济往来中被各国普遍地接受和使用；第三，可偿性，即这种外币资产是可以保证方便地得到偿付。

汇率（Exchange Rate）：指两种不同货币之间的折算比价，也就是以一种货币表示的另一种货币的价格。

外币汇率的直接标价法（Direct Quotation）：固定该种外国货币的数量，以本国货币表示这一固定数量的外国货币的价格。例如，2010年7月28日，我国银行间外汇市场美元对人民币汇率的中间价为100美元对人民币677.32元，这就是直接标价法。在直接标价法下，汇率数值上升，表示外币升值，本币贬值。

外币汇率的间接标价法（Indirect Quotation）：固定本国货币的数量，以该种外国货币表示这一固定数量的本国货币的价格，从而间接地表示出外国货币的价格。如果直接标价法下的汇率是100美元对人民币677.32元，那么用间接标价法表示美元的汇率就是每100元人民币等于14.76美元。在间接标价法下，汇率数值上升，表示外币贬值，本币升值。

升值贬值和汇率上升下降：一种货币与外国货币之间的比价如果有法律或政策上的明确规定时，当该单位货币折算的外币数量增加时，称之为该货币升值（Revaluation）。反之，当该单位货币折算的外币数量减少时,称之为该货币贬值(Devaluation)。如果法律或政策对该货币的对外比价没有作出明确规定时,那么,上述两种情况就分别称之为该货币汇率上升(Appreciation)和该货币汇率下降(Depreciation)。由于货币升值与货币汇率上升在方向上一致、货币贬值与货币汇率下降在方向上也一致,因此,在日常生活中常常被混淆,不过,在理论上,货币升值与汇率上升以及货币贬值与汇率下降还是有上述区别的。

基本汇率和套算汇率:若 A 币和 B 币双边之间有直接报价关系,A 币对 B 币的汇率根据双边直接报价而获得,那么,这就是 A 币的基本汇率。若 A 币与 C 币没有双边直接报价关系,它与 C 币的汇率要经过与 C 币有双边直接报价关系的 B 币来获得,那么,A 币与 C 币的汇率就是套算汇率。

升值率和贬值率的计算:一种货币币值的升值率或其汇率上升率的计算公式为:该币币值的升值率(该币汇率上升率)= $\dfrac{该币币值的增加值}{该币原值}=\dfrac{e_1-e_0}{e_0}$;一种货币币值的贬值率或其汇率下降率的计算公式为:该币币值的贬值率(该币汇率下降率)= $\dfrac{该币币值的减少值}{该币原值}=\dfrac{e_0-e_1}{e_0}$。其中,$e$ 为该币汇率直接标价法下与用来衡量其价格的某种外币之间的比价,e_0 为初始比价,e_1 为变动后的比价。

单一汇率(Single Exchange Rate)和复汇率(Multiple Exchange Rates):若一种货币只有一种汇率,该汇率适用于该国所有的对外交易,则该货币所用的汇率制度是单一汇率。若一种货币(或一个国家)有两种或两种以上汇率,则称该货币所用的是复汇率制度。当一种货币具有两种汇率时,也可称为双重汇率(Dual Exchange Rate System)。在复汇率制度下,不同的汇率用于不同的国际经济活动。按表现形式,复汇率可分为公开的和隐蔽的两种。对不同进出口商品给予不同标准的财政补贴或附加税、对不同进出口商品结汇采用名义上或实际上的差别汇率等等,都是复汇率的隐蔽形式。

实际汇率（Real Exchange Rate）：相对于名义汇率（Nominal Exchange Rate）而言的某种表示货币实际竞争力的指标。一般教科书上常见的实际汇率标准有外部实际汇率（即包含了本国和外国物价水平对比的汇率）、内部实际汇率（即包含了本国可贸易品和不可贸易品物价水平对比的汇率）、剔除了财政补贴或税收减免的实际汇率及两国劳动生产率对比的实际汇率。《国际金融新编》（第六版）中引入了另外几种实际汇率的概念，其中包括本国外延经济增长和内涵经济增长对比为标准的实际汇率等。

有效汇率（Effective Exchange Rate）：某种加权平均的汇率，用来观察某种货币的总体波动幅度及其在国际经贸和金融领域中的总体地位。通常以一国对某国的贸易在其全部对外贸易中的比重为权数。

外汇倾销（Foreign Exchange Dumpling）：指一国政府采用过低的本币名义汇率或过度的税收/补贴措施，从而帮助本国出口商品以过低的价格在国际市场上销售，就构成外汇倾销。

均衡汇率（Equilibrium Exchange Rate）：汇率水平达到或吻合某种平衡的标准时，这样的汇率水平就称为均衡汇率。平衡的标准是一个多义的概念，如两国物价水平的对比、两国贸易品部门劳动生产率的对比、国际收支平衡（外部平衡）、内部均衡、外部平衡与内部均衡的交点等，都可以充当平衡的标准。因此，均衡汇率的定义也就成为多种多样的。有鉴于此，在研究具体问题时，首先要明确选用的均衡汇率的定义。

币值高估和币值低估：指相对于某种标准而言的汇率水平的状态。一般情况下，充当标准的是某种定义下的均衡汇率。定义不同，均衡汇率也不同。当本国货币币值高于均衡汇率水平时，称之为本币币值高估；当本国货币币值低于均衡汇率水平时，称之为本币币值低估。举例而言，使国际收支保持平衡的汇率就是均衡汇率，使本国物价水平保持稳定的汇率就是均衡汇率，使购买力平价成立的汇率就是均衡汇率，使本国经济能稳定增长的汇率就是均衡汇率，如此等等。在这里，国际收支平衡、本国物价稳定、购买力平价成立以及经济增长,就是不同的定义(或标杆)。由此可见,均衡汇率的定义是多重的,相应的,币值高估和低估的含义也是多重的。在实际中,要视政策和研究目标来进行定义和运用。

即期汇率(Spot Exchange Rate):目前市场上的汇率,用于外汇的现货买卖。

远期汇率(Forward Exchange Rate):当前约定、在将来某一时刻(如1个月后、3个月后或6个月后)交割外汇时所使用的汇率,用于外汇远期交易和期货买卖。

升水(Premium):外汇远期汇率和即期汇率之间相互关系的一个术语。外汇汇率直接标价法下,远期汇率在数值上高于即期汇率,高于的部分称作外汇远期汇率升水。外汇远期汇率升水表明,本币如按合约交割,将相对于目前贬值。在间接标价法下,则相反。

贴水(Discount):外汇远期汇率和即期汇率之间相互关系的一个术语。外汇汇率直接标价法下,远期汇率在数值上低于即期汇率,低于的部分称作外汇远期汇率贴水。在直接标价法下,外汇远期汇率贴水表明,本币如按合约交割,将相对于目前升值。在间接标价法下,则相反。

套汇:当同一货币的汇率在不同外汇市场上存在差异时,市场参与者通过在汇率较低的市场上买进外汇,并在汇率较高的市场上卖出外汇来获得差价收益的行为。套汇活动使汇率较低市场上的汇率上升,汇率较高市场上的汇率下降,最终使得各个外汇市场上的汇率趋于一致。

抵补套利:利用两国金融市场短期利率的差异,将资金从低利率国家调动到高利率国家以赚取利息差额,并同时购入远期外汇以锁定汇率、消除汇率风险的一系列活动。抵补套利活动是套补利率平价成立的原因。

金本位制(Gold Standards):以黄金作为基础的货币制度,货币的发行需要以等量的黄金作为准备,包括金币本位制、金块本位制和金汇兑本位制。典型的金本位制是金币本位制,在金币本位制下,金币的形状、重量和成色由国家法律规定,可以自由铸造和自由熔化,具有无限法偿能力,辅币和银行券的发行需要以等量的黄金作为准备,并可以自由兑换成金币,黄金是国际结算的手段,可以自由地输出、输入国境。在金块本位制下,黄金(金币)不再流通,银行发行以黄金为基础的银行券(纸币)作为主要流通手段,银行券和黄金通常不能自由兑换,只能在一定条件下向发行银行兑换黄金,兑换条件往往是较高的数额。在金汇兑本位制下,实行金汇兑本位制的国家,将本国货币与某个实行金块本位制或金币本位制的国家的货币相挂钩,并规定本国货币与该外国货币之间的兑换比价。本国货币在国内不能兑换黄金,只能先兑换成该外国货币,然后再以该外国货币兑换黄金。

铸币平价(Mint Parity):在金本位制下,每种货币都具有法定的含金量,以两种金属铸币含金量之比得到的汇率称作铸币平价。铸币平价是金平价的表现形式之一。

法定平价:在金块本位制和金汇兑本位制下,黄金不再直接参与流通,流通中的纸币本身不含有黄金,但法律规定了每单位纸币所代表的金量。由两种纸币各自所代表金量之比决定的汇率就是法定平价。法定平价也是金平价的表现形式之一。黄金非货币化后,法律规定的汇率也可称作法定平价。这时,法定平价就不再属于金平价的范畴。

黄金输送点(Gold Point):汇价波动而引起黄金从一国输出或输入的界限。外汇汇率波动的最高界限是铸币平价加上运金费用,即黄金输出点(Gold Export Point),当外汇价格高于此界限,本国对外国的支付就会采用直接向外国输出黄金的方式进行;外汇汇率波动的最低界限是铸币平价减去运金费用,即黄金输入点(Gold Import Point),当外汇价格低于此界限,外国对本国的支付就会采用直接向本国输入黄金的方式进行。两者合称黄金输送点。

可贸易品(Tradable Goods):指(能)参与国际交换的商品。购买力平价理论认为,可贸易品的价格符合一价定律。但事实上,可贸易品中,只有在国际可自由移动、自由竞争的商品,其价格才符合一价定律。

不可贸易品（Non-Tradable Goods）：不（能）参加国际交换的商品。

一价定律（Law of One Price）：如果套利存在，并且可贸易品的运输成本为零，则同种可贸易品在各个地区的价格应该是一致的，这种一致关系就是一价定律。一价定律存在的根本前提是商品的自由流动和套利的存在。从两个国家角度讲，一价定律存在的机制除商品自由买卖自由流动外，货币的自由买卖以及货币比价由供求关系决定也构成一个同样重要的机制。

绝对购买力平价（Absolute Purchasing Power Parity，Absolute PPP）：两国货币间的汇率水平取决于两国货币购买力的对比。货币的购买力可以用物价水平 P 的倒数来表示，因此，两国货币之间的汇率就可以用两国物价水平的对比来决定。绝对的购买力平价就是用两国物价的绝对水平对比来决定两国货币之间的汇率，公式是 $e = P_d/P_f$，其中，e 为直接标价法下的外币汇率，P_d 为本国的物价水平，P_f 为外国的物价水平。

相对购买力平价（Relative Purchasing Power Parity，Relative PPP）：相对于绝对购买力平价而言，相对购买力平价认为汇率水平的变动取决于两国物价水平的变动而不是两国物价的绝对水平。如果本国通货膨胀率超过外国，则本币将贬值；反之，本币将升值。公式为 $e_t = PI_{d,t}/PI_{f,t} \cdot e_0$。其中，$e_t$ 为计算期汇率，$PI_{d,t}$ 为本国在 t 时期的物价指数，$PI_{f,t}$ 为外国在 t 时期的物价指数，e_0 为基期的汇率。

换汇成本：剔除非贸易品后，用贸易品的价格对比计算所得到的汇率水平。换汇成本分为出口换汇成本和进口换汇成本。出口换汇成本的含义是中国在国际市场上收入 1 美元所需付出的人民币成本；进口换汇成本的含义是中国在国内市场上销售 1 美元产品所能获得的人民币收入。换汇成本曾被长期用作人民币汇率决定的重要参考。

内部结算价：1981 年 1 月 1 日到 1984 年 12 月 31 日，以全国平均的出口换汇成本决定的中国境内所有企业进出口商品美元与人民币之间的官方结算汇率。

套补的利率平价(Covered Interest Parity,CIP):两国货币远期汇率由两国利率水平差异决定的一种理论。外汇汇率的远期升贴水率 ρ 等于两国货币利率之差,即 $\rho = i_d - i_f$。如果本国利率 i_d 高于外国利率 i_f,则本币在远期将贬值;如果本国利率低于外国利率,则本币在远期将升值。

非套补的利率平价(Uncovered Interest Parity,UIP):预期的外汇汇率变动率 $E\rho$ 等于两国货币利率之差,即 $E\rho = i_d - i_f$。如果本国利率高于外国利率,则意味着市场预期本币在未来将贬值;如果本国利率低于外国利率,则意味着市场预期本币在未来将升值。

汇率决定的国际收支说(Balance of Payment Theory of Exchange Rate):从国际收支角度分析汇率决定的一种理论。在汇率自由浮动的情况下,国际收支情况决定了外汇的供给和需求,从而影响汇率水平的变动,而国际收支又取决于本国和外国的国民收入、价格、利率等因素。国际收支说的早期形式是国际借贷说(International Indebetedness Theory)。国际借贷说认为,只有进入支付阶段的国际收入和国际支出,才会影响汇率的水平。

汇率决定的汇兑心理说(Psychological Theory of Exchange Rate):主观欲望是使外国货币具有价值的基础,外汇的价格反映了持有外汇给人带来的边际效用,这种主观欲望决定了外汇的供求,从而决定了汇率。该理论后来演变成心理预期说,即外汇市场上人们的心理预期,对汇率的决定产生重大影响。

汇率超调(Overshooting):在黏性价格货币分析法框架内,由于商品市场存在价格黏性,而汇率作为资产的价格其调整速度快于商品价格的调整速度,因此,当本国增加货币供应量后,汇率立即作出充分反应而进行调整,而商品价格和产出则缓慢调整。由于长期汇率最终是由商品价格表示的购买力平价决定的,因此,在短期内汇率的调整幅度将超过长期内汇率的调整幅度。货币供应一次性增加后,短期汇率水平下降幅度大于长期汇率下降幅度的另一个原因是,汇率随货币供应量同比例变动(贬值)后,会刺激出口,而货币供应量增加也会降低利率刺激投资,二者都会导致产出增加,而产出增加又会吸纳部分新增的货币供应量,最终使物价水平的上升率小于货币供应的增加率。也就是说,从长期看,汇率将先经历过度调整,然后逐渐回复到商品价格水平对比(即购买力平价)决定的长期均衡水平。超调现象是黏性价格货币分析法最具特征性的结论。

货币贬值造成物价上涨的四个机制:货币工资机制、生产成本机制、结汇机制以及收入机制。

货币贬值给总需求扩张带来负面影响的四个机制:贬值税效应机制、实际收入和货币供应增长滞后效应机制、货币资产效应机制以及债务效应机制。

汇率决定的比价属性:汇率的水平由其他宏观经济变量(如国际收支、货币供应量、物价、产出等)的变动所决定。

汇率决定的杠杆属性:汇率水平的变动会影响其他宏观经济变量,汇率水平的变动又受其变动所带来影响的制约。

贬值引起总需求和收入扩张的四个条件:第一,进出口商品需求对价格的弹性好;第二,边际吸收倾向小于1;第三,货币供应量随贬值幅度增加;第四,存在可扩大生产的闲置生产资源。此外,货币贬值时外债不能过多。由于贬值引起的需求、收入增长效应会随货币供应量的增长及物价上升而消蚀,因此,贬值引起的需求、收入增长效应具有短期性质。而劳动生产率不可能在短期内提高,因此,贬值引起的总需求增长及其带来的产出增长,只能依靠闲置生产资源被追加到生产过程来实现,这种增长属外延型经济增长。

第四章　内部均衡和外部平衡的短期调节

内部均衡(Internal Equilibrium)：内部均衡，从短期讲，指国内总供给与国内总需求的平衡；从长期讲，指外延经济增长和内涵经济增长的平衡，即经济的可持续增长。

外部平衡(External Balance)：国际收支平衡。理论上，国际收支平衡指自主性国际收支的平衡。实际生活中，国际收支平衡指不同口径上的对外收支平衡，常用的口径有贸易账户收支、经常账户收支、基本账户收支、综合账户收支以及外汇收支。

外部均衡(External Equilibrium)：在国内经济均衡发展、内部均衡实现基础上的国际收支平衡。更简单地说，就是内部均衡基础上的外部平衡。

国际收支的即期均衡和跨期均衡：即期均衡指的是在当期内部均衡的前提下，一国的国际收入等于支出。由于只考虑当期，实现即期均衡的手段具有短期性和直接性。跨期均衡指的是以一定时期内居民福利的最大化为目标，将资源在国内和国外、当前和未来之间进行配置，使得每期的国际收支差额都具有可维持性，并在长期内达到经济持续增长和福利最大化的目标。跨期均衡的手段和目标都具有长期性，在某些情况下，实现跨期均衡的措施可能会造成即期的收支不平衡。

米德冲突(Meade's Conflict)：英国经济学家米德(J. Meade)所提出的，固定汇率制度下，经济政策会面临内部均衡目标和外部平衡目标之间的相互冲突。在汇率固定不变时，政府只能主要运用影响社会总需求的政策来调节内部均衡和外部平衡,这样,在开放经济运行的特定区间便会出现经济政策对内部均衡和外部平衡这两个政策目标难以兼顾的情形。

数量匹配原则(Tinbergen Rule):荷兰经济学家丁伯根(J. Tinbergen)提出的,关于政策目标和政策工具数量相互关系的原则,即要实现 N 个独立的政策目标,至少需要有相互独立的 N 个有效的政策工具。

政策最优指派原则(Mundell Assignment Rule):美国经济学家蒙代尔(R. Mundell)提出,在许多情况下,不同的政策工具实际上掌握在不同的决策者手中,但如果每一工具按相对有效性被合理地指派给一个目标,并且在该目标偏离其最佳水平时,按规则进行调控,那么在分散决策的情况下,仍有可能实现最佳调控目标。

斯旺模型(Swan Model):澳大利亚经济学家斯旺(T. Swan)提出的用支出转换与支出增减政策搭配来解决内外均衡冲突的模型。该模型的基本思路是利用支出增减型政策谋求内部均衡,利用支出转换政策(如变动汇率水平)谋求外部平衡,最终达到内、外同时均衡。

蒙代尔-弗莱明模型(Mundell-Fleming Model):由美国经济学家蒙代尔(R. Mundell)和德国经济学家弗莱明(J. M. Fleming)在宏观经济学分析内部均衡的 $IS-LM$ 模型基础上,加入了外部平衡分析而形成的模型。它是分析开放经济偏离均衡时政策搭配的工具,又是分析不同政策手段调节效果的工具。该模型可以通过在标准的 $IS-LM$ 模型内加入表示国际收支的 BP 曲线来构建,决定国际收支的是利率水平、产出水平和汇率水平。

汇率—价格坐标系中的内部均衡曲线:基于中国国情的短、中期内外均衡模型,又称汇率—价格模型或 $P-e$ 模型。该模型中,内部均衡曲线是指在一定的产出水平下,能够使本国总供给等于总需求的汇率与价格的组合。由于总需求是汇率(外币汇率直接标价法)的增函数、物价的减函数,因此,在短期产出不变的条件下,内部均衡曲线在汇率—价格坐标系中从左下向右上倾斜。在中期内,若本国总需求上升,则随着产出和总供给的适应性上升,内部均衡曲线在汇率—价格坐标系中向右下移动。

汇率—价格坐标系中的外部平衡曲线:基于中国国情的短、中期内外均衡模型,又称汇率—价格模型或 $P-e$ 模型。该模型中,外部平衡曲线是指在一定的产出水平下,能够使本国国际收支平衡的汇率与价格的组合。由于出口需求是汇率(外币汇率直接标价法)的增函数、物价的减函数,因此,在短期产出不变、进口需求不变的条件下,外部平衡曲线在汇率—价格坐标系中从左下向右上倾斜。在中期内,若本国总需求上升,引发总供给的适应性上升,为了获得国际收支平衡,外部平衡曲线在汇率—价格坐标系中向左上移动。

第五章　内部均衡和外部平衡的中长期调节

外延经济增长：通过各种生产要素投入的增加而带来的经济增长。

内涵经济增长：通过要素生产率提高而带来的经济增长。

汇率失调的要素规模缺口：在内涵经济相对较快增长时，根据汇率决定的杠杆属性和汇率变动与外延经济增长的关系，本国货币应该贬值以促进外延经济的平衡增长。若本币汇率不变或甚至本币升值，就会出现内涵经济增长过快的失调。此时，名义汇率与可持续增长条件下的内部均衡所要求的汇率存在差距，这个差距称作汇率失调的要素规模缺口。

汇率失调的技术进步缺口：在外延经济相对快速增长时，根据汇率决定的杠杆属性和汇率变动与内涵经济增长的关系，本国货币应该升值以促进内涵经济平衡增长。若本币汇率不变或甚至本币贬值，就会出现外延经济增长过快的失调。此时，名义汇率与可持续增长条件下的内部均衡所要求的汇率存在差距，这个差距称作汇率失调的技术进步缺口。

汇率失调的国内资源供应缺口：当国内资源消耗增长相对较快时，本国货币应升值以促进进口更多的外国资源。若本币汇率不变或甚至本币贬值，就会加剧国内资源的消耗，造成经济失调。此时，名义汇率与资源角度的内部均衡所要求的汇率存在差距，这个差距被称作汇率失调的国内资源供应缺口。

汇率失调的国内资源需求缺口：当国外资源消耗增长相对较快

时,本国货币应贬值以促进国内资源的使用。若本币汇率不变或甚至本币升值,就会进一步减少国内资源的消耗,造成经济失调(尤其是就业的失调)。此时,名义汇率与资源角度的内部均衡所要求的汇率存在差距,这个差距被称作汇率失调的国内资源需求缺口。

需求的收入弹性:需求变动率与收入变动率的对比。收入的变动会带来需求的变动。当需求的收入弹性较高时,表示一定的收入增长会带来较多的需求增长;当需求的收入弹性较低时,表示一定的收入增长只能带来较少的需求增长。

货币升值效果的劳动替代约束:在劳动供给富有弹性的情况下,由于企业对工资的议价能力较强,当本币升值提高企业成本时,企业会首先考虑降低工资,而不是提高技术和效率,从而使资本和技术对劳动的替代存在一定困难。这一困难被称为货币升值效果的劳动替代约束,它阻碍了从本币升值到劳动生产率上升的传导效果。

货币升值效果的资本存量约束:在企业能够获得的资本有限时,企业生产选择的范围将受到限制。当本币升值后,企业本应该扩大投资、增加技术性资本的使用,但由于最优的资本数量高于可得的资本数量,企业的实际要素配置就无法达到最优化,企业的产量和生产技术也就会低于最优水平。这一困难被称作货币升值效果的资本存量约束,它阻碍了从本币升值到劳动生产率上升的传导效果。

货币升值效果的国际定价权约束:货币升值可以通过迫使企业降低成本或提高国际市场售价来促进劳动生产率的提高,但如果企业的产品在国际市场上没有定价权,其他条件不变,则本币升值会减少企业的收入,从而不利企业的技术更新和劳动生产率的上升。这一困难被称作货币升值效果的国际定价权约束,它阻碍了从本币升值到劳动生产率上升的传导效果。

长期的内部均衡:从经济增长方式角度看,长期的内部均衡意味着外延经济增长和内涵经济增长获得平衡,即经济能够实现可持续的增长。从资源消耗角度看,长期的内部均衡还意味着国内资源消耗和国外资源消耗相平衡、国内自然资源消耗和国内劳动力就业相平衡。

长期的外部平衡：在长期内，外部平衡仍然以国际收支平衡为代表，但它取决于两国商品国际竞争力的对比，而国际竞争力的对比又要取决于两国劳动生产率的对比。长期的外部平衡并不一定指特定时间点上国际收支的绝对平衡，在一定条件下，可维持的国际收支不平衡也是一种外部平衡，这就为长期均衡汇率的操作留下了空间。

长期的均衡汇率：在长期内，能够较好实现特定时期内主要经济目标（长期的内部均衡或外部平衡），并且不至于对其他经济目标造成严重损害的汇率（汇率区间），就是广义的长期均衡汇率。

尖峰模型：又称双均衡模型，是从汇率—价格模型（$P-e$ 模型）发展而来的，是基于中国国情的关于内部均衡和外部平衡基础上长期均衡汇率水平决定的模型。在这个模型中，内部均衡指外延经济增长和内涵经济增长相平衡，其对汇率水平的影响体现了汇率决定的杠杆属性要求；外部平衡指两国劳动生产率代表的商品（和要素）的国际竞争力对比决定的国际收支平衡（或趋势平衡），其对汇率水平的影响体现了汇率决定的比价属性要求。尖峰模型在其形成过程前、形成过程中以及形成后，诞生出一系列模型，它们共同构成国际金融分析的重要框架。

汇率变动对经济增长方式的棘轮效应：指在中国国情下，汇率变动（上升或下降）对经济增长方式的影响具有不对称性。由于存在货币升值效果的劳动替代约束、资本存量约束以及国际定价权约束，货币升值不能迅速有效地促进内涵经济增长，而货币贬值则相对能更快地带来外延经济的增长。

第六章 外汇管理及其效率分析

货币兑换管制：在外汇市场上，对本国货币购买（兑换）某种外国货币，或某种外国货币购买（兑换）本国货币的限制。兑换管制按范围，可以分为经常账户（包括贸易账户和非贸易账户）下的兑换管制和资本账户下的兑换管制；按对象，又可分为企业用汇的管制和个人用汇的管制。一般而言，对资本账户的管制严于对经常账户的管制，对个人用汇的管制严于对企业用汇的管制。

货币自由兑换：按照国际货币基金组织的定义，一国若能实现贸易账户和非贸易账户（即经常账户）下的货币自由兑换，该国的货币就被列为可兑换货币。由于自由兑换的条款集中出现在基金组织协定的第八条，所以货币自由兑换的国家又被称为"第八条款国"。

影子汇率：附在不同类别进出口商品上的用汇和收汇的兑换折算系数。具体来讲，A 类出口商品的该系数如果是 1.2，那么，当 A 类商品出口后，所得外汇收入兑换本币时，其所得本币收入等于：出口外汇收入×汇率×1.2。

固定汇率制（Fixed Exchange Rate）：政府用行政或法律手段选择一个基本参照物，并确定、公布和维持本国货币与该单位参照物之间的固定比价。充当参照物的可以是黄金，也可以是某一种外国货币或某一组外国货币。在经济形势发生较大变化时，固定汇率水平可以进行调整（Realignment）。

浮动汇率制（Floating Exchange Rate 或 Flexible Exchange Rate）：汇率水平由外汇市场上的供求关系决定，而政府不承担维护汇率水平义务的汇率制度。根据政府是否干预外汇市场,浮动汇率制可以大致分为自由浮动汇率制度(又称清洁浮动,Clean Floating)和有管理的浮动汇率制度(又称肮脏浮动,Dirty Floating)。

清洁浮动和肮脏浮动(Clean Floating and Dirty Floating):清洁浮动,指汇率的波动完全由市场决定,即自由浮动;肮脏浮动,指有管理的浮动。

稳定性投机(Stabilizing Speculation):促使市场从非均衡向均衡状态转变的投机活动。譬如,如果投机者在货币币值相对于均衡水平被低估时买入该货币,或在货币币值相对于均衡水平被高估时卖出此货币,则投机者获得利润的同时,被低估的货币升值,被高估的货币贬值,这对市场价格的影响是稳定性的,这就是一种稳定性投机。与之相对的是非稳定性投机(Destabilizing Speculation),即投机活动不但不减少市场波动和汇率偏差,反而增加市场波动和汇率偏差。

羊群效应(Herd Effects,或Bandwagon Effects):投资者不从投资对象本身考虑,而是模仿他人决策,或者过度依赖于舆论,其行为受到其他投资者的影响。羊群效应会使大量投资者在同一时间段内进行相同方向的交易,加大市场的波动,是非稳定性投机的重要来源。

棘轮效应:汇率变动的影响存在两种类型的不对称效应或棘轮效应。第一类棘轮效应已在第五章术语中讲过,这里的棘轮效应,是指汇率变动对通货膨胀传递的不对称效应。具体来讲,这里的不对称效应又分两种。固定汇率制下,货币有贬值压力的国家被迫回笼本币,流通中货币减少,由于价格刚性,物价不易下降;反之,货币有升值压力的国家被迫放出本币,流通中货币增加、物价上升。这是第一个不对称。浮动汇率制度下,货币汇率下浮国家进口物价和整体物价水平上升,而货币汇率上升国家则因价格刚性的存在其物价不能同比下降。这是第二个不对称效应。

爬行钉住制(Crawling Pegs):汇率可以作经常的、小幅度调整的固定汇率制度。实施爬行钉住制的国家负有维持某种平价的义务,这使得它属于固定汇率制度这一类别,但这一平价与一般的可调整钉住汇率制有区别。后者的平价调整是很偶然的,而且一般幅度很大,而爬行钉住汇率制则经常性地作小幅调整。爬行钉住制的最大特点就是汇率短期内不变,长期内则时有小幅调整。

汇率目标区制度(Exchange Rate Target Zone):按照一定的政策目的和宏观经济指标,确定一个固定的中心汇率和允许围绕中心汇率上下浮动的目标区间,将汇率浮动限制在此区间内的汇率制度。汇率目标区制度与固定汇率制度最大的区别在于围绕中心汇率的浮动区间不同。固定汇率制下,允许的浮动区间通常很小,如上下各1%或上下各2%;而汇率目标区制度允许浮动的幅度一般在上下各5%,甚至高达上下各10%。

蜜月效应(Honeymoon Effect)和离婚效应(Divorce Effect):汇率目标区制度下,如果交易者确信政府规定的汇率波动上下限是可信的,那么市场汇率会围绕着中心汇率上下波动,当离开中心汇率至一定程度后,市场力量会使汇率自发向中心趋近,这称为"蜜月效应"。如果经济基本面向某一个方向的变动程度很大并且已表现为长期的趋势、市场交易者普遍预期中心汇率将作较大的调整时,政府维持汇率目标区的承诺就不再具有普遍的可信性,市场汇率波动将不再自动倾向或回归于中心汇率,此时的汇率波动非常剧烈,并会或倾向于突破中心汇率及其允许波动的上(下)限,这称为"离婚效应"。

货币局制(Currency Board):在法律中明确规定本国货币与某一外国可兑换货币保持固定的兑换比率,并且对本国货币的发行作特殊限制以保证履行这一法定的汇率制度。货币局制通常要求货币发行必须以一定(通常是百分之百)的该外国货币作为准备金,并且要求在货币流通中始终满足这一准备金要求。它是固定汇率制度的一个特例,或者说,是一种极端的固定汇率制度。货币局制度下,本国货币供应量完全受国际收支和该外国货币发行国货币政策的影响,本国货币政策的独立性受到严重削弱。

开放经济的三元悖论(Impossible Trinity):根据蒙代尔-弗莱明模型,对不同汇率制度下宏观经济政策有效性的分析所得到的启示,即在维持固定汇率制度、允许资本自由流动和保持货币政策独立性三个目标间,最多只能同时实现两个。

国际储备(International Reserve):一国货币当局能随时用来干预外汇市场、支付国际收支差额的资产。成为国际储备的资产必须具备三个特性:一是随时可被政府得到和使用,二是该种资产必须具有高度的流动性,三是该种资产及其标价货币具有普遍接受性、能在外汇市场和政府间清算时被普遍接受。目前,国际储备主要包括以下四项内容:① 政府持有的黄金储备;② 政府持有的外汇储备;③ 政府持有的特别提款权资产余额;④ 政府在国际货币基金组织的储备头寸。国际储备表明一国政府支付国际收支差额和稳定本国货币汇率的能力。

国际清偿力(International Liquidity):政府的国际储备加上政府的借入储备。借入储备主要指政府与其他国家或国际货币基金组织已签署的备用信贷、支付协议等使用他国货币权力协议下的款项。国际清偿力表明一国政府应对危机和稳定本国货币币值、支付国际收支差额的总体能力。

特别提款权(Special Drawing Rights):既是国际货币基金组织创立的一种记账单位,又是基金组织分配给成员国的一种使用资金的权力。它是基金组织人为创造的一种账面资产,创造出来后,按各国在基金组织的份额向成员国进行分配。各成员国所分得的特别提款权,扣除已使用额后的净额,成为各国的国际储备。

特别提款权的定价和特点:国际货币基金组织根据世界主要货币各自在全球经济中的地位和作用确定该种货币的权重,然后以该种货币与美元的汇率乘以各自的权重,计算得到特别提款权的价值。权重每5年调整一次。2016年10月起,用于计算特别提款权的世界主要货币及其权重分别是美元(41.73%)、欧元(30.93%)、人民币(10.92%)、日元(8.33%)以及英镑(8.09%)。由于特别提款权是用一组货币按其各自的权重来组合定价的,因此,它的基本特点之一是价值比较稳定。它的另外两个特点是:第一,它的使用和接受不是以实物为后盾而是依靠国际协议而存在;第二,它主要只能用于政府和官方之间的清算和支付,不能在市场上流通。

储备头寸(**Reserve Position**):一国加入基金组织时,须按一定的规则向基金组织缴纳一笔钱作为入会款项,称为份额。份额的 25% 必须用可兑换货币(外汇)缴纳,其余 75% 用本国货币缴纳。当成员国发生国际收支困难而需要向基金组织借钱时,可借额度分为五档,每档占份额的 25%。由于第一档借款额相当于成员国缴纳的可兑换货币数额,因此,条件十分宽松,一般只要申请,便可使用。这一档借款额度的未使用部分,就是储备头寸。

冲销式干预(**Sterilized Intervention**):政府在外汇市场上买卖外汇以干预汇率水平的同时,通过其他货币政策工具(主要是在国债市场上的公开市场业务)来抵销前者对货币供应量的影响,从而使货币供应量维持不变的外汇市场干预行为。为抵销外汇市场交易对货币供应量的影响而采用的政策措施被称为冲销措施。

非冲销式干预(**Non-sterilized Intervention**):不存在相应冲销措施的外汇市场干预,这种干预会引起一国货币供应量的变动。

熨平每日波动型的汇率干预(**Smoothing Out Daily Fluctuation**):政府在汇率日常变动时,在高价位卖出、低价位买进,以使汇率变动的波幅缩小的干预形式。

砥柱中流型或逆向型的汇率干预(**Leaning Against the Wind**):政府在面临突发因素造成的汇率单方向大幅度波动时,采取反向交易的形式,以维护外汇市场稳定的干预形式。

非官方钉住型的汇率干预(**Unofficial Pegging**):政府单方向、非公开地确定所要实现的汇率水平及变动范围,在市场汇率变动与之不符时就入市干预的干预形式。

单边外汇干预和联合外汇干预:单边外汇干预是指一国对本国货币与某外国货币之间的汇率变动,在没有相关的其他国家的配合下独自进行的干预。联合外汇干预则是指两国乃至多国联合协调对汇率进行的干预。单边外汇干预主要出现在小国对其货币与其货币所挂靠的大国货币之间的汇率进行干预的过程中,或出现在国际收支逆差国为维护本国货币稳定而进行的汇率干预过程中。各主要大国对外汇市场进行的比较有影响的干预,常常采取联合外汇干预的形式。

资本外逃(Capital Flight):由于恐惧、怀疑或为规避某种风险和管制所引起的资本向其他国家的异常流动。资本外逃不同于资本流出,它是一种出于安全或其他类似目的而发生的、非正常的资本流动。

货币替代(Currency Substitution):因本币币值不稳而引发的外币在货币的各个职能上全面或部分地替代本国货币发挥作用的一种现象。货币替代分为两种:一种是本国居民和外国居民同时持有本币和外币,另一种则是本国居民单方面地持有并使用外币。前者可以称之为对称性的货币替代,这种货币替代一般发生于发达国家之间;后者可以视为不对称性的货币替代,经常讨论的发生于发展中国家的货币替代就属于这后一种。货币替代会削弱一国的货币秩序、央行发行和掌控货币数量的能力,以及政府获得税收的税基。

第七章　金融全球化对内外均衡的冲击

国际货币市场（International Money Market）：融资期限在1年及1年内的银行短期信贷、短期证券及票据贴现市场，其中介机构包括商业银行、票据承兑行、贴现行、证券交易商和证券经纪人等。

国际资本市场（International Capital Market）：融资期限在1年以上的中长期融资市场，主要业务包括银行贷款和证券交易。抵押贷款和租赁贷款及其他具有长期融资功能的业务也可以归入此市场中，其主要参与者有银行、公司、证券商及政府机构。

欧洲货币（Eurocurrency）：在货币发行国境外流通或存放的货币，如欧洲美元（Eurodollar）就是指在美国国境以外流通或存放的美元。随着国际金融市场的发展，也出现了在货币发行国单独设立的、专门对外国居民开放的本国货币业务（如美国的国际银行便利设施和日本离岸金融市场）。因为这些业务不受货币发行国对本国货币所设立的准备金率、利率等管制，所以同样属于欧洲货币业务。

欧洲货币市场（Eurocurrency Market）：欧洲货币的交易、借贷市场，它既包括1年期以内的货币市场，也包含1年期以上的资本市场。

欧洲债券和外国债券：欧洲债券又称欧洲货币债券，指以欧洲货币为面值的债券，即在货币发行国以外发行的以该货币为面值的债券。外国债券则是一个更宽泛的概念。例如，中国在伦敦发行的以美元为面值的债券，就是欧洲美元（货币）债券，而中国在纽约发行的以美元为面值的债券就是外国债券。

在岸(Onshore)交易：交易双方有一方是居民的欧洲货币交易，如英国石油公司在伦敦向汇丰银行借入美元。

离岸(Offshore)交易：交易双方都是非居民的欧洲货币交易。离岸交易包含两种形式：第一种是交易的实际发生地与交易的记录地相一致；第二种是交易的实际发生地与交易的记录地不一致。后一种交易是指交易实际发生在一地，但却记录在另一地。譬如，一笔发生在伦敦的欧洲货币交易，记录在某太平洋或加勒比海的岛国上的一家银行账上，后一种交易往往是为了避税、逃避管制。

伦敦银行同业拆放利率(London InterBank Offering Rate，LIBOR)：伦敦的顶级国际银行间相互借款的利率，它反映银行从市场上筹集资金进行转贷的融资成本。英国银行家协会(British Bankers' Association)每日会从它认定的顶级国际银行间收集报价，计算和发布LIBOR。由于欧洲货币市场在国际金融市场中的核心位置，LIBOR已经被用作国际金融市场中大多数浮动利率贷款的基础利率，并被企业用于筹资成本的核算。浮动贷款协议中所规定的利率，大多是在同期LIBOR利率基础上加上一定的百分点得到的。

银团贷款(Syndicate Loan)：由一家或数家银行牵头，多家银行与非银行金融机构共同参加而组成的银行集团采用同一贷款协议，按商定的期限和条件向同一借款人提供融资的贷款方式。银团贷款需要至少一家银行做牵头行，若干家银行做管理行，其余银行做参与行，牵头行通常也是管理行，收取牵头费和管理费，并与其他管理行一起承担贷款的管理工作。银团贷款又称辛迪加贷款。

做市商(Market Maker)：金融市场的重要参与者。做市商制度是外汇市场的主要交易制度之一。在做市商制度下，投资者向做市商提出交易要求的数量和方向，做市商收集了买卖双方的数量信息后报出价格，并有义务在其所报价位上用自有资金或证券与投资者进行交易(即有义务维护市场的流动性)，做市商同时充当了买者和卖者的角色，通过买卖价差赚取利润，同时有效确保市场交易不因买家或卖家的缺少而停滞。

境外人民币市场和境外人民币汇率：指中国关境以外的人民币交易场所，这个市场上所形成的人民币汇率就是境外人民币汇率。在一些媒体上，境外人民币市场（汇率）也被称为离岸人民币市场（汇率）。中国的香港地区是目前最主要的境外人民币交易地，境外人民币汇率与中国内地外汇市场上的人民币汇率形成机制略有区别：前者相对较多地受预期的影响，而后者相对更多地受实际的国际贸易和投资的影响。

国际资本流动（International Capital Flows）：和实际生产、贸易有密切关系的跨国资金流动。

国际资金流（International Financial Flows）：也可称为国际游资，指和实际生产、贸易、投资活动无密切关系，主要以获取资产差价和金融收益为目的而在国际进行的、纯"金融"性质的流动。

托宾税：美国经济学家托宾（James Tobin）于1972年首先提出的对跨境流动资金征收的一种税，其目的在于增加资金跨境流动的成本、减少资金跨境流动的频率和数额、稳定市场和汇率、抑制过度投机。托宾税现在已经有了多种表现形式，包括单向或双向征收外汇交易手续费、征收远期或/和即期外汇交易手续费等等。托宾税的利弊一直存在争议。

石油美元：石油输出国家因油价上升而获得大量的石油出口收入，却又无法在国内消化这些石油收入，故不得不把大量石油收入存放在国际金融市场。因石油收入用美元标示，故把流入国际金融市场的石油收入称为石油美元。

债务危机：20世纪80年代，部分发展中国家因借入的外债过多、偿债期过于集中，而引发的无力按期偿还外债的危机。

外债债务指标：衡量一国外债承受能力的指标有：① 外债余额与国内生产总值的比例，这一比例通常应低于10%；② 外债余额与年出口收入的比例，这一比例通常应低于100%～150%。衡量一国外债偿付能力的指标有：① 年还本付息与国内生产总值的比例，这一比例通常应低于5%；② 年还本付息与出口收入的比例，这一比例又称为外债清偿率，通常应低于20%。

巴塞尔协议(Basle Concordat)：由巴塞尔委员会提出、制定和修订的一系列银行业国际监督的行业规范的统称。巴塞尔委员会是在国际清算银行主持下成立的银行国际活动的协调机构。《巴塞尔协议》明确了银行业监督权力在母国当局(Parent Authority)和东道国(Host Country)之间的分配，并规定了为防止风险各银行应达到的资本充足率要求。

货币危机(Currency Crisis)：广义上指一国货币的汇率变动在短期内超过一定幅度，狭义上指市场参与者通过外汇市场的操作导致该国固定汇率制度崩溃和外汇市场持续动荡的事件，其明显特征是本国货币大幅度贬值。货币危机和金融危机(Financial Crisis)既有区别也有联系，后者不仅仅表现为汇率波动，还包括股票市场和银行体系等金融市场上的价格波动和金融机构的经营困难与破产等。

第一代货币危机理论：美国经济学家克鲁格曼(P. Krugman)于1979年提出的理论。该理论认为，在一国货币需求稳定的情况下，国内信贷扩张会带来外汇储备的流失和经济基本面的恶化，导致原有的固定汇率制在投机冲击下崩溃从而产生危机。

影子汇率(Shadow Exchange Rate)：第一代货币危机理论提出的一个概念。在政府通过经济和行政手段干预外汇市场的情况下，汇率被扭曲。在这种情况下，由市场自主性供求关系和经济基本面因素反映的外汇真实汇率被称作影子汇率。这是本教材中讲到的第二个影子汇率概念。这个影子汇率，是人们根据市场交易和经济基本面判断而得到的一种心理上的汇率，而不是现实中存在的汇率。

第二代货币危机理论：美国经济学家奥伯斯特菲尔德(M. Obstfeld)等人提出的对货币危机的另一种解释。其核心思路是，投机者之所以对货币发起攻击，并不是因为经济基础的恶化，而是因为贬值预期的自我实现。只要投机者认为能够通过对一国货币的攻击，使该国货币当局保卫固定汇率的成本足够大，以至于放弃固定汇率制度并为投机者带来投机收益，投机者就会发动攻击。

次贷危机：又称次级住房按揭贷款危机，指2007年发生于美国，后又蔓延到其他许多国家的一场危机。这场危机,主要是因为在房价看好,金融机构为逐利而发放过多房屋抵押贷款,并利用金融创新成倍、成十倍地扩大自己放贷能力和房贷(经证券化后)在国内外广为流动而引起和蔓延的(详见教科书)。

第八章　金融全球化下的国际协调与合作

外部冲击传导的收入机制：外国国民收入的变动会导致外国进口（即本国出口）发生变动，这会首先影响本国的外部平衡，然后通过乘数效应带来本国国民收入的变动。外国的边际进口倾向越高，本国的乘数效应越大，本国内部均衡和外部平衡受外国收入变动的冲击就越大。

外部冲击传导的利率机制：两国利率的差异会影响国际资金流动。当外国利率发生变动时，会影响外国资金的流入和本国资金的流出，改变本国的外部平衡状况，进而引起本国利率、价格的变动，最终影响本国的内部均衡。国际资金流动的自由程度越高，这一机制对冲击的传导效果就越显著。

外部冲击传导的相对价格机制：两国间的相对价格变动会通过国际贸易影响内外均衡。相对价格机制包含两方面：一是名义汇率不变，但一国国内的价格水平发生变动；二是本国名义汇率发生变动。由于外部实际汇率 $e\dfrac{P_f}{P_d}$ 是由名义汇率和价格水平共同决定的，因此，上述两种变动都会引起实际汇率的变动，带来两国商品价格国际竞争力的变化，从而影响贸易收支和国内均衡。

国际货币体系：国际货币制度、国际货币金融机构，以及由习惯和历史沿革形成的约定俗成的国际货币秩序的总和。国际货币体系既包括有法律约束力的关于货币国际关系的规章和制度，也包括具有传统约束力的各国已经在实践中共同遵守的某些规则和做法，还包括在国际货币关系中起协调、监督作用的国际金融机构。确定一种货币体系类型主要依据三条标准：第一条，货币体系的基础，即本位币是什么；第二条，作为国际流通、支付和交换媒介的主要货币是什么；第三条，作为主要流通、支付和交换媒介的货币与本位币的关系是什么，包括双方之间的比价如何确定、价格是否在法律上固定，以及相互之间在多大程度上可自由兑换。

国际金本位制：19世纪80年代，在德国、美国、英国、拉丁货币联盟（含法国、比利时、意大利、瑞士）、荷兰及若干北欧国家国内实行金本位的基础上，形成的人类历史上第一个国际货币体系。其特点是：① 黄金是国际货币体系的基础；② 黄金可以自由输出和输入；③ 一国的金铸币同另一国的金铸币或代表金币流通的其他金属（比如银）铸币或银行券可以自由兑换；④ 在金币流通的国家内，金币还可以自由铸造。国际金本位制是一种比较稳定的货币制度，但由于货币供应过于依赖黄金，而黄金产量跟不上经济发展的需要，所以在第一次世界大战爆发后宣告瓦解。

布雷顿森林体系（Bretton Woods System）：第二次世界大战以后，资本主义世界建立的一个以美元为中心的国际货币体系，因1944年7月在美国新罕布什尔州的布雷顿森林城召开的联合与联盟国家国际货币金融会议上签置相关协议而得名。布雷顿森林体系下的国际货币制度实行黄金—美元本位制，规定美元按35美元等于1盎司黄金与黄金保持固定比价，各国政府可随时用美元向美国政府按这一比价兑换黄金，各国货币则与美元保持可调整的固定比价，从而建立起一个固定汇率的货币体系。布雷顿森林体系的上述内容又被称为"双挂钩"，即美元与黄金挂钩，各国货币与美元挂钩。布雷顿森林体系仍然无法摆脱以黄金为基础的货币体系的基本矛盾。在美国国际收支赤字持续上升、黄金储备大量流出、美元和黄金按固定比价兑换无法维持的冲击下，布雷顿森林体系在1973年崩溃了。

悬突额（Overhang）：在布雷顿森林体系下，从美国流出的美元数额超出美国黄金储备的部分。悬突额的存在意味着美国不能按照承诺的比价，将外国持有的美元完全兑换成黄金，因而它是预测美元危机的重要指标。

牙买加体系（Jamaica System）：布雷顿森林体系崩溃后建立的国际货币体系，以1976年1月在牙买加首都金斯敦召开的关于国际货币制度的会议签置相关协议而得名。牙买加体系是一个松散的体系，其最主要特点是：黄金非货币化、储备货币多样化、汇率制度多样化。

国际货币基金组织（International Monetary Fund, IMF）：世界两大政府间金融机构之一，成立于1946年5月，是具有独立性的联合国专门机构，总部位于华盛顿。其主要职能包括：① 确立成员国在汇率政策、与经常项目有关的支付以及货币兑换方面需要遵守的行为准则，并实施监督；② 向国际收支发生困难的成员国提供必要的临时性资金融通；③ 为成员国提供进行国际货币合作与协商的场所。IMF的最高决策机构是理事会（Board of Governors），每年秋季举行定期会议，决定IMF和国际货币体系的重大问题。IMF的日常行政工作由执行董事会（Executive Board）负责，执董会是常设机构，设主席一名，主席即为IMF总裁。截至2017年底，国际货币基金组织成员已达200多个国家和地区。

国际货币基金组织的基金份额（Quota）：国际货币基金组织成员国在加入时，需要用25%的外汇和75%的本国货币向基金组织认缴一笔款项，称为基金份额。份额按成员国各自的国民收入水平、进出口规模和国际收支水平等因素确定，定期调整，一旦认缴后，就成为基金组织的财产。成员国认缴的份额构成基金组织的主要资金来源，被用于对成员国的资金融通。成员国的份额决定了其在IMF的投票权、借款权和特别提款权分配权。

国际货币基金组织的贷款：基金组织成员国出现国际收支逆差并且国际储备不足时，可以向基金组织申请贷款（又称提款）。具体的方法是用本国货币向基金组织购买（Purchase）所需要的外币款项（或特别提款权），并向盈余国进行结算。当成员国出现收支盈余、有能力向基金组织还款时，再用外币赎回（Repurchase）本国货币。

国际货币基金组织的贷款条件（Conditionality）：IMF在向成员

国提供贷款的同时,会对受贷国的宏观经济政策、国际收支调整等提出具体要求,这称作贷款条件。对贷款附加条件的目的是让贷款与受贷国可维持的国际收支前景及还款能力相结合,保证贷款的使用不损害 IMF 资金的流动性,并有助于调整受贷国的经济状况。贷款数额越大,所附加的贷款条件就越严格。

储备货币(**Reserve Currency**):被各国中央银行长期持有作为国际清偿力的货币,它发挥的是储藏手段和国际货币的作用,并在国际经济往来中为交易品(商品、服务、资产等)标价。一种货币要成为储备货币,需要满足几个基本要求:① 货币发行国的经济实力强大,在国际贸易和投资领域占据较多份额;② 货币的价值相对稳定;③ 金融市场的深度和广度较高,货币能够自由兑换;④ 通过国际协议或长期的历史沿革而被各国广泛接受。储备货币的发行国被称作储备货币发行国。

铸币税(**Seigniorage**):货币发行人凭借其发行地位所获得的货币发行面值超过其发行和管理成本的部分。

特里芬两难(**Triffin Dilemma**):在布雷顿森林体系双挂钩的安排下,为满足世界经济增长和国际贸易的发展,美元的供应必须不断地增长,而美元供应的不断增长,使美元同黄金按固定比价的兑换性日益难以维持。美元的这种两难是美国耶鲁大学教授特里芬(R. Triffin)于 20 世纪 50 年代首先总结的,故又被称为"特里芬两难"。

巴拉萨-萨缪尔森效应(**Balassa-Samuelson Effect**):美国经济学家巴拉萨(B. Balassa)与萨缪尔森(P. Samuelson)提出的理论。该理论将商品分为可贸易品和不可贸易品两部门,贸易品部门劳动生产率较高使贸易品价格相对低于非贸易品价格,用贸易品的一价定律解释市场汇率的决定,用贸易品和非贸易品的加权平均来计算一般物价水平并解释购买力平价的决定,从而能够较好地解释发展中国家相对于发达国家而言,其货币市场汇率偏离购买力平价而低估的现象。

通货区(**Currency Area**):区域货币合作的一种高级表现形式。它具有以下五个显著特征:① 成员国货币之间的名义比价相互固定；② 具有一种占主导地位的货币作为各国货币汇率的共同基础；③ 这种货币与成员国货币相互间可充分地自由兑换；④ 有一个适当的协调和管理机构；⑤ 成员国的货币政策主权受到削弱。通货区的最高形式是区域内通行统一的单一货币。

最适度通货区理论（Optimal Currency Area Theory）：关于通货区的认定、范围、成立的条件，以及加入通货区的成本和收益等内容的系列学说的统称。欧洲货币体系就是最适度通货区理论的一种实践。

西欧货币的联合浮动：欧洲货币一体化的第二个阶段（1972—1978年），又称可调整的中心汇率制。对内，参与该机制的成员国货币相互之间保持可调整的钉住汇率，并规定汇率的波动幅度；对外，则实行集体浮动汇率。按照当时规定，参与联合浮动的西欧六国（法国、联邦德国、意大利、荷兰、比利时和卢森堡），其货币汇率波动不得超过当时公布的美元平价的±1.125%，这样，在1972—1973年初布雷顿森林体系崩溃这段时间内，便在基金组织当时规定的美元平价±2.25%的汇率波动幅度内又形成了一个更小的幅度，其波动情景犹如"隧道中的蛇"。1973年初布雷顿森林体系崩溃后，基金组织规定的±2.25%限制不复存在，六国货币的联合浮动犹如走出隧道的蛇而集体对外浮动。这种联合浮动机制为随后产生的欧洲货币体系稳定汇率机制提供了过渡。

欧洲货币体系（European Monetary System）：欧洲货币一体化的第三个阶段（1979—1998年）。主要包括三方面内容，即欧洲货币单位（European Currency Unit，ECU）、稳定汇率机制（Exchange Rate Mechanism，ERM）和欧洲货币合作基金（European Monetary Cooperation Fund，EMCF）。

欧洲经济货币联盟（Economic and Monetary Union，EMU）：欧洲货币合作的最终成果，于1999年1月1日成立，以欧洲单一货币——欧元（Euro）的正式使用为标志。

欧元区的准入条件：欧盟成员都是欧洲经济货币联盟的成员，只要符合一定的经济标准就可以加入欧元区。加入欧元区的标准包括：通货膨胀率必须不能超过三个通胀率最低的欧元区国家平均水平1.5个百分点、长期利率不能超过通货膨胀最低的三个欧元区国家的平均利率2个百分点、每年的财政赤字不得超过GDP的3%、国债余额不得超过GDP的60%以及在加入前两年内对欧元汇率保持稳定。这组标准确保了所有欧元区组成国在加入欧元区时彼此经济情况大致相同，加入欧元区后遵守的稳定与增长公约则确保这些国家经济发展速度大致相同，并保证成员国不会采取以邻为壑的政策措施。

第二部分　各章练习题

第一章 导 论

简 答 题

1. 国际金融学的研究对象和核心研究变量是什么?

2. 从经济规模、增长方式、资源、人口等角度简单讨论我国的基本国情,并说明,在国际金融学的研究中,这些国情需要如何被照应到?

第二章 国际收支和国际收支平衡表

一、判 断 题

1. 国际收支是一个流量的、事后的概念。（　　）
2. 由于一国的国际收支不可能正好收支相抵，因而国际收支平衡表的最终差额绝不会为零。（　　）
3. 理论上说，国际收支的不平衡是指自主性交易的不平衡，但自主性交易的统计较为困难。（　　）
4. 在国际收支平衡表中，凡资产增加、负债减少的项目应记入贷方；反之，则记入借方。（　　）
5. 一国资本外逃一般会反映在错误和遗漏账户的借方。（　　）
6. 对外长期投资的利润汇回，应当计入资本和金融项目内。（　　）
7. 经常账户和资本与金融账户都属于自主性交易账户。（　　）
8. 本国货币贬值，一定会使本国国际收支改善。（　　）
9. 弹性论采用的是一般均衡分析方法。（　　）
10. 根据国际收支吸收论，本国国民收入上升和本国国际收支恶化是同时发生的，因此在本国国民收入上升时，需要采取措施以改善国际收支情况。（　　）

二、不定项选择题

1. 下列项目应记入贷方的是：（　　）
   A. 反映进口实际资源的经常项目
   B. 反映出口实际资源的经常项目
   C. 反映资产增加或负债减少的金融项目
   D. 反映资产减少或负债增加的金融项目

2. 国际收支平衡表中的一级账户有：（　　）
   A. 经常账户
   B. 资本与金融账户
   C. 储备账户
   D. 错误和遗漏账户

3. 下列账户中能够较好地综合衡量国际收支对国际储备造成压力的是：（　　）
   A. 贸易收支差额
   B. 经常项目收支差额
   C. 基本账户差额
   D. 综合账户差额

4. 若在国际收支平衡表中，储备资产项目在借方记录为100亿美元，则表示该国：（　　）
   A. 国际储备增加了100亿美元
   B. 国际储备减少了100亿美元
   C. 人为的账面平衡，不说明问题
   D. 无法判断

5. 按照国际收支的货币分析法，其他条件不变，减少国际收支逆差的办法有：（　　）
   A. 实际产出增加　　　　　B. 物价上升
   C. 本币贬值　　　　　　　D. 货币供应量增加

6. 国际收支逆差会使一国：（   ）

   A. 外汇储备减少或官方短期债务增加

   B. 外汇储备增加或官方短期债务增加

   C. 外汇储备增加或官方短期债权减少

   D. 外汇储备减少或官方短期债权增加

7. 支出转换型政策主要包括：（   ）

   A. 汇率政策　　　　　　　B. 财政政策

   C. 关税政策　　　　　　　D. 直接管制

8. 国际收支平衡表中的人为项目是：（   ）

   A. 经常项目

   B. 资本和金融项目

   C. 综合项目

   D. 错误与遗漏项目

9. 按照国际收支的货币论，一国基础货币的来源是：（   ）

   A. 央行的国内信贷

   B. 央行的国内信贷与外汇储备之和

   C. 央行的外汇储备

   D. 央行的国内信贷与外汇储备之差

10. 吸收分析法认为，本国产出小于本国吸收会导致国际收支逆差，纠正国际收支逆差的办法是：（   ）

    A. 对外融资　　　　　　　B. 本币贬值

    C. 增加需求　　　　　　　D. 吸收外资

11. 从供给角度说，调节国际收支的政策有：（   ）

    A. 财政政策　　　　　　　B. 货币政策

    C. 科技政策　　　　　　　D. 产业政策

    E. 融资政策

12. 一般而言，由（   ）引起的国际收支失衡是长期而持久的。

    A. 经济周期更迭

    B. 货币价值变动

    C. 预期目标改变

D. 经济结构滞后

13. 以凯恩斯的国民收入方程式为基础来分析国际收支的方法是：（　）

　A. 弹性分析法

　B. 吸收分析法

　C. 货币分析法

　D. 结构分析法

三、简答题

1. 国际收支平衡表的编制原则是什么？收支平衡表的一级账户间有什么关系？

2. 简述几个重要的国际收支差额口径之间的关系。国际储备变动和国际收支差额之间有何联系？

3. 请简述国际收支不平衡的几种类型及其原因。

4. 在固定汇率制和浮动汇率制下，国际收支自动调节的"货币—价格"机制各自是如何发挥作用的？在什么情况下这一机制会失效？

5. 简要推导马歇尔-勒纳条件，并说明其经济含义。

6. 当本国发生结构性的国际收支不平衡（逆差）时，是否可以只使用汇率政策对此进行调整？为什么？

四、论述题

1. 国际收支自动调节的机制有哪几种？国际收支自动调节有什么代价？

2. 除了马歇尔-勒纳条件，贬值改善国际收支还需要什么条件？从吸收论和货币论的角度谈一谈你的看法。

3. 请讨论国际收支平衡表中错误和遗漏账户余额的可能来源。

4. 推导汇率变动时,进出口的供给、需求弹性与贸易条件的关系。

五、计 算 题

1. 假定 X 年,中国与外国发生下列若干笔经济往来,做出这几笔交易的会计分录,计算这些交易所形成的中国贸易差额、经常账户差额、资本和金融账户差额、综合账户差额。

(1) 某民营企业家使用其在海外的美元存款,买入 100 万美元的美国国债。

(2) 国内某大型纺织企业在美国发行 300 万美元长期债券,为技术改造项目融资,发行债券所得收入暂时存放于银行。

(3) 某大型企业向英国某公司购买价值 400 万美元的设备,其中 350 万美元使用现金交易,另外 50 万美元向英国某银行申请了短期贷款。

(4) 某外商投资企业进口价值 200 万美元的芯片用于手机制造,完工后的产品向中东地区出口,获得收入 500 万美元。

(5) 某外商投资企业将获得的 50 万美元股本分红存入银行。

(6) 某非洲国家发生自然灾害,中国政府向该国提供价值 50 万美元的无偿援助和 200 万美元的无息贷款。

(7) 中国居民组成旅游团赴东南亚旅游,在东南亚各国发生消费共 30 万美元。

(注:涉及现金收付,均使用银行存款结算)

2. 以下是简化了的中国 Y 年国际收支平衡表的一部分,请计算以下问题:

单位：千美元

项　目	差　额	贷　方	借　方
一、经常项目	371 832 620	1 467 881 997	1 096 049 378
A. 货物和服务	307 476 604	1 342 205 962	1 034 729 358
B. 初次收入	25 688 492	83 030 308	57 341 816
C. 二次收入	38 667 524	42 645 727	3 978 204
二、资本和金融项目	73 509 250	921 960 702	848 451 452
A. 资本项目	3 099 075	3 314 699	215 624
B. 金融项目	70 410 175	918 646 003	848 235 828
三、储备资产	−461 744 102	239 766	461 983 869

(1) 经常账户是顺差还是逆差？

(2) 以综合账户计，国际收支是否平衡？

(3) 错误和遗漏账户余额是多少？

3. 假设本国贸易收支状况为：进口商品 100 亿美元，出口商品 60 亿美元。进出口的需求价格弹性分别为 0.9 和 0.7（绝对值），供给弹性为无穷大。现在为改善国际收支，本币贬值 10%，问贸易收支状况会发生什么样的变化？

4. 某国政府推行赤字财政政策，H 年财政决算，其政府开支赤字为 200 亿美元，当年该国形成私人储蓄 2 500 亿美元，发生私人投资 2 650 亿美元，根据国民收入恒等式，如果不考虑经常转移和国际间要素收入，则该国 H 年的经常账户差额是多少？

第三章 汇率基础理论

一、判 断 题

1. 外汇就是以外国货币表示的支付手段。（   ）

2. 在外币间接标价法下,汇率数值下降表示外国货币贬值,本国货币升值。（   ）

3. A 国货币对 B 国货币贬值,对 C 国货币升值,其有效汇率可能不变。（   ）

4. 利率平价论主要是讲短期汇率的决定,其基本条件是两国金融市场高度发达并紧密相连,资金流动无障碍。（   ）

5. 套汇与抵补套利行为的理论基础是一价定律。（   ）

6. 国际收支状况一定会影响到汇率。（   ）

7. 国际借贷说实际上就是汇率的供求决定论。（   ）

8. 根据利率平价学说,利率相对较高的国家未来货币升水的可能性大。（   ）

9. 根据利率平价论,其他条件不变,预期汇率与远期汇率之间如果存在差异,会引起资金的投机性移动。（   ）

10. 根据黏性价格的货币分析法,汇率发生超调的原因与资产价格的调整速度快于商品价格的调整速度有关。（   ）

二、不定项选择题

1. 以下关于汇率理论的正确看法有：（   ）

A. 根据购买力平价理论，两国货币的比价反映了两国货币购买商品和服务的能力，因此，汇率变动的原因是货币购买力的变化。

B. 根据利率平价理论，汇率变动源于资本在不同利率的国家之间流动和套利的行为，套补利率平价的成立，意味着利用两国货币利率的差异进行无风险套利机会的消失。

C. 国际收支说从国际收支和外汇供求的角度对汇率的决定进行分析。现代形式的国际收支说以凯恩斯主义的宏观经济学为基础。

D. 汇率超调模型认为，当货币当局调整货币供应量时，货币市场的价格黏性引起了汇率的超调。

2. 在其他条件不变的情况下，利率对汇率变动的影响，正确的有：（   ）

A. 根据利率平价，本国利率相对上升，则本国货币在未来将相对于现在贬值。

B. 根据利率平价，本国利率相对上升，则本国货币在未来将相对于现在升值。

C. 根据国际收支说，本国利率上升将会使本国货币升值。

D. 根据弹性价格的货币分析法，本国利率上升将会使本国货币贬值。

3. 汇率下浮可通过下列机制引起物价上升的是：（   ）

A. 生产成本机制   B. 货币资产机制
C. 货币工资机制   D. 债务效应

4. 金币本位制的特点包括：（   ）

A. 黄金是国际货币体系的基础。

B. 黄金能够在各国间自由输入和输出。

C. 各国货币能按照法定含金量与黄金自由兑换。

D. 黄金能自由铸造成金币。

5. 金币本位制度下,汇率决定的基础是:(　　)

　　A. 法定平价　　　　　　B. 铸币平价

　　C. 通货膨胀率差　　　　D. 利率差

6. 与金币本位相比,金块本位和金汇兑本位下汇率的稳定程度:(　　)

　　A. 有所升高　　　　　　B. 有所降低

　　C. 保持不变　　　　　　D. 不能确定

7. 国际金融市场上,美元债券年收益率为8%,英镑债券年收益率为12%,假定两种债券信用等级相同,那么,根据利率平价,在一年内,英镑应相对美元:(　　)

　　A. 升值4.52%　　　　　B. 贬值4%

　　C. 贬值3.57%　　　　　D. 升值4%

8. 假设美国投资者投资英镑CDs,票面年收益5%,此期间英镑贬值9%,则这笔投资的有效年收益率为:(　　)

　　A. 4%　　　　　　　　B. －4.5%

　　C. 1%　　　　　　　　D. －3.7%

9. 在不考虑投资风险的情况下,假设某一金融市场的货币投资收益率长期高于美元利率,则:(　　)

　　A. 该市场与美国国内金融市场联系密切。

　　B. 该货币与美元波动呈正相关。

　　C. 该市场与美国国内金融市场无联系。

　　D. 以上答案均不对。

10. 根据外部实际汇率的计算公式,本币实际升值是:(　　)

　　A. 由于其他条件不变的情况下本币名义汇率上升引起的

　　B. 由于其他条件不变的情况下本国物价水平上升引起的

　　C. 由于其他条件不变的情况下外国物价水平上升引起的

　　D. 由于其他条件不变的情况下外国物价水平下降引起的

11. 当一国货币升值时,下述会发生的情况是:(　　)

A. 本国出口竞争力提高,投资于外币付息资产的本币收益率上升。

B. 本国出口竞争力提高,投资于外币付息资产的本币收益率降低。

C. 本国出口竞争力降低,投资于外币付息资产的本币收益率降低。

D. 本国出口竞争力降低,投资于外币付息资产的本币收益率上升。

12. 关于多恩布什提出的"汇率超调论",在本国一次性增加货币供给后,各宏观经济变量的变动情况正确的是:(　　)

A. 本国利率先下降,然后逐步上升并趋近到调整前的水平。

B. 本国物价先上升,然后逐步下降到调整前的水平。

C. 本国产出水平上升。

D. 本国货币汇率先下降,然后逐步上升,最后超过调整前的水平。

三、简　答　题

1. 什么是开放经济条件下的一价定律?它成立的条件是什么?
2. 论述绝对购买力平价和相对购买力平价的异同。
3. 请指出弹性价格货币分析法和购买力平价理论之间的联系和区别。
4. 汇率决定的资产组合分析法将一国所持有的资产分为哪几类?这几类资产之间能够充分互相替代吗?填写资产存量变动对短期均衡汇率和利率影响的表格。
5. 本国货币贬值对本国总需求一定会有扩张作用吗?请分析一下本币贬值对总需求发生影响的机制。
6. 简述金币本位制下的黄金输送、铸币平价和汇率决定。

四、论 述 题

1. 讨论影响汇率水平的因素和汇率水平变动对宏观经济所可能造成的影响,这给我们以怎样的启示?

2. 评述购买力平价理论的意义和局限性,为什么购买力平价理论在实证中不能得到较好的支持?

五、计 算 题

假定某日伦敦外汇市场的中间价为 1 英镑 = 2.017 4 美元,1 年期远期贴水为 6.55 美分,1 年期英镑利率 2.7%,1 年期美元利率 5.5%。应当如何进行抵补套利才能够有利可图?

第四章 内部均衡和外部平衡的短期调节

一、判 断 题

1. 出口补贴和关税政策属于支出增减型政策,而汇率政策属于支出转换型政策。（ ）

2. 外部均衡就是国际收支平衡,只要采取适当的手段消除了国际收支差额,就实现了外部均衡。（ ）

3. 丁伯根原则的基本要求是:将货币政策和财政政策分别应用于影响力相对较大的目标,以求得内外平衡。（ ）

4. 我国作为一个发展中的大国,需要主动承担国际收支调节的责任,考虑到这一国情,新框架的内外均衡调节原则应该包括:以外部平衡为主要目标,尽可能实现国际收支平衡。（ ）

5. "蒙代尔最优指派原则"指出,应当用财政手段调节外部不平衡,用货币手段调节内部不均衡。（ ）

6. 汇率既是两种货币的相对价格,实际上所反映的也是两国商品的相对价格。（ ）

7. 根据本章所介绍的内外均衡分析新框架,内部均衡和外部平衡的短期冲突,在一定程度上能够由市场经济的自动调节来消除。（ ）

8. 当内部经济出现衰退和失业增加、外部经济出现国际收支顺差时，采用扩张性财政货币政策会带来实现内部均衡和外部平衡这两个目标的冲突。　　　　　　　　　　　　　　　　（　　）

二、不定项选择题

1. 米德冲突指：(　　)
   A. 国际收支顺差和保持固定汇率的冲突
   B. 内部均衡和外部平衡的冲突
   C. 本国充分就业和通货膨胀的冲突
   D. 货币政策和财政政策有效性的冲突

2. 当处于通货膨胀、国际收支逆差时，应当采取的政策搭配是：(　　)
   A. 紧缩国内支出，本币升值　　B. 扩张国内支出，本币贬值
   C. 扩张国内支出，本币升值　　D. 紧缩国内支出，本币贬值

3. 在其他条件不变的情况下，一国的国际收支顺差一般会：(　　)
   A. 在固定汇率制下，促进进口的进一步增加
   B. 在固定汇率制下，带来国内通胀压力
   C. 在浮动汇率制下，使本国货币升值
   D. 在固定汇率制下，抑制本国通货膨胀

4. 内外均衡调节的支出增减型政策主要包括：(　　)
   A. 汇率政策　　　　　　　　B. 货币政策
   C. 直接管制　　　　　　　　D. 财政政策

5. 斯旺模型中，调节内部均衡和外部平衡的手段是：(　　)
   A. 国内支出增减型政策和本币实际汇率
   B. 国内物价水平和国内利率水平
   C. 财政政策和关税政策
   D. 国际融资和汇率水平

6. 在资本不完全流动的情况下,根据蒙代尔-弗莱明模型,有:( )

A. IS 曲线斜率为正,表示国内商品市场的均衡。

B. LM 曲线斜率为正,表示国内货币市场的均衡。

C. BP 曲线是垂直的,国际收支平衡只有在特定的产出水平下才能实现。

D. BP 曲线斜率为正,随着产出水平的上升,需要提高本国利率来吸引国外资金,为经常账户融资。

7. 在资本完全流动且汇率浮动的情况下,根据蒙代尔-弗莱明模型,如果本国政府扩大开支,则在内外均衡重新实现时,有:( )

A. IS 曲线右移,本国国民收入提高。

B. LM 曲线不变,本国利率上升。

C. IS 曲线不变,本国国民收入不变。

D. LM 曲线不变,本国利率不变。

E. BP 曲线不变,本国货币升值。

8. 关于不同时间跨度内供给、需求、产出的关系,正确的是:( )

A. 在短期内,总需求可变,总供给不变,均衡国民收入是固定的,需求变动只能带来物价等名义变量的变动。

B. 在中期内,总需求可变,总供给也可变,随着需求上升,均衡国民收入也会上升。

C. 在中期内,总供给的变动源于生产率的上升和新增的要素投入。

D. 在长期内,潜在产出可以变动,生产率水平可变。

9. 本章中,基于中国国情开发建立的内外均衡短期模型:( )

A. 称为 P-e 模型,该模型分别以物价水平 P 和汇率水平 e 作为横坐标和纵坐标。

B. 模型中的内部均衡曲线斜率为正。

C. 模型中的外部平衡曲线斜率为负。

D. 模型中的内部均衡曲线和外部平衡曲线的斜率均为正。

10. 基于中国国情的内外均衡短期模型中：（　　）

A. 以经常账户加长期资本账户作为外部平衡的代表。

B. 内部均衡由总需求与总供给相等来表示，内部均衡曲线在 $P-e$ 平面上的斜率小于外部平衡曲线的斜率。

C. 内部均衡曲线由总需求与总供给相等来表示，内部均衡曲线的斜率在 $P-e$ 平面上的斜率大于外部平衡曲线的斜率。

D. 当需求增加时，外部平衡曲线（EB）将向下移动。

三、简　答　题

1. 试论述内外均衡目标之间的关系。举例说明内外均衡一致和内外均衡冲突。

2. 按照斯旺模型，当国际收支顺差和国内经济过热时，应当采取怎样的政策搭配？

3. 在斯旺的内外均衡分析框架中，当内外均衡时，国内的产出水平、就业水平是唯一的吗？

4. 简述蒙代尔的政策搭配原理，并填写下表。请讨论：被分配给特定目标的政策，其效果是单一的吗？

财政政策与货币政策的搭配

经济状况	财政政策	货币政策
失业、衰退/国际收支逆差		
通货膨胀/国际收支逆差		
通货膨胀/国际收支顺差		
失业、衰退/国际收支顺差		

5. 根据蒙代尔-弗莱明模型，在资本完全不流动且汇率浮动的情况下，当本国国际收支平衡、货币市场平衡，但商品市场存在超额需求时，市场如何发生自动调节？调节后本国的利率和产出水平如

何变动？

6. 请利用蒙代尔-弗莱明模型分析：在固定汇率制且资本不完全流动的条件下，本国货币升值对内外均衡的影响。

7. 经典的西方内外均衡调节理论有何不足？考虑到我国国情，在内外均衡调节中，需要尤其注意哪些因素？

8. 如右图，在 $P-e$ 平面内，当物价和汇率位于 A、B、C 三点时，经济状况分别是怎样的？请分别讨论通过怎样的调整能够实现内外均衡。

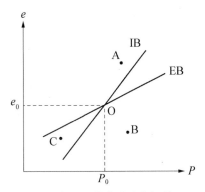

进一步细分的内外均衡调节

四、论述题

1. 请简述蒙代尔-弗莱明模型的基本框架，说明各宏观经济变量变动时 IS、LM、BP 曲线移动的情况。

2. 在内外均衡分析的新框架（$P-e$ 模型）内，推导内部均衡曲线和外部平衡曲线（用经常账户的平衡表示外部平衡即可），在此条件下，为什么内部均衡曲线的斜率大于外部平衡曲线的斜率？

3. 在短期内，根据内外均衡分析的新框架（$P-e$ 模型），内外均衡失调包括哪几种？其自动调节机制是怎样的？为什么还有必要进行适当的政策调节？

第五章　内部均衡和外部平衡的中长期调节

一、判断题

1. 在中期跨度内,劳动生产率增长和技术进步是经济增长的主要推动因素,在此过程中,为使内部均衡和外部平衡同时实现,需要本币贬值和物价上升。（　　）

2. 本币贬值会减少国内资本的供给,同时也会降低本国就业和产出水平。（　　）

3. 中期跨度内产出和汇率的关系,可以理解为长期跨度内的外延经济增长的一种特殊情况。（　　）

4. 汇率变动对外延型经济增长和内涵型经济增长方式的贡献比例具有转换效应,当本币升值时,外延型增长的比例会相对上升;当本币贬值时,内涵型增长的比例会相对上升。（　　）

5. 在可持续条件下的汇率模型中,外延经济增长曲线和内涵经济增长曲线的交点决定了能够实现可持续增长和内部均衡的汇率水平,这同时意味着,为实现可持续增长,外延经济增长与内涵经济增长的贡献比例在数量上应当严格相等。（　　）

6. 当某些外部因素导致外延经济以较高速度增长时,应当令本币贬值,以使增长速度能够保持下去,如果本币不贬值,则会出现汇率的要素规模缺口。（　　）

7. 本币升值一方面会引起国内资源消耗减少、外延经济增长放缓;另一方面会通过资源节约及单位国内资源的产出增加而带来内涵经济的增长,并增加对国外资源的利用。因此,资源节约型的经济增长和内涵型的经济增长,都可以由本币升值引起。 （　　）

8. 从货币角度讲,内外均衡调节的核心手段是汇率。在长期内,只要采取适当的汇率政策,并选择合适的汇率水平,就能在外部冲击不断发生的情况下,同时实现内部均衡（可持续增长）和外部平衡的目标。 （　　）

9. 需求的收入弹性,是指需求变动与收入变动的相对关系。如果需求首先发生变动,并且变动率为 1%,收入随后也发生变动,并且变动率大于 1%,那么,就称之为需求的收入弹性高。 （　　）

10. 汇率变动对经济增长的棘轮效应,是指本币升值能较快引起内涵经济的增长,本币贬值能较慢引起外延经济的增长。 （　　）

二、不定项选择题

1. 假设本币升值能使资本相对劳动变得便宜,那么,对于一个在生产中资本和劳动能相互替代的厂商而言,当本币升值时,其生产要素比例的选择:（　　）

   A. 应当增加资本使用数量,因为其较为便宜。

   B. 应当增加劳动使用数量,劳动相对昂贵意味着有更高的生产率。

   C. 当存在劳动替代约束时,企业会在和劳动者的议价中,降低工资水平,并尽量保持原有的劳动-资本比率。

   D. 当存在资本存量约束时,企业意愿投入的资本数量小于实际投入的资本数量。

2. 当本国发生外生性的技术进步冲击时,根据长期均衡汇率模型:（　　）

   A. 为实现可持续的经济增长,本国货币应当贬值。

B. 为实现可持续的经济增长,本国货币应当升值。

C. 为实现外部平衡,本国货币应当贬值。

D. 为实现外部平衡,本国货币应当升值。

3. 关于长期的内部均衡曲线和中期的内部均衡曲线对比,下列说法正确的是:(　　)

A. 长期和中期的内部均衡曲线都能表示汇率对外生冲击的反应。

B. 在中期内,冲击来自需求方面,在长期内,冲击来自供给方面。

C. 在中期的内部均衡曲线坐标系内,实际冲击体现为均衡曲线本身的移动。

D. 在长期的内部均衡曲线坐标系内,实际冲击体现为汇率在均衡曲线上的移动。

4. 考虑到资源消耗的内部结构,对于劳动力资源相对丰富、自然资源相对紧缺的国家而言,则:(　　)

A. 资源驱动型的经济增长存在可持续性问题,它会使国内其他资源(主要指以资本形态投入生产的自然资源)较快枯竭,并且价格相对上涨。

B. 资源节约型的经济增长既有利于节约国内资源,又能更多地利用外国资源,因此,应当持续推动本币升值以实现资源节约型增长。

C. 当本币币值低估时,国内资源价格相对下降,国内自然资源和劳动力的消耗都有所上升。

D. 当本币币值高估时,国内资源价格相对上升,国内自然资源和劳动力的消耗都有所下降。

5. 关于经济增长方式的分类,下列说法正确的是:(　　)

A. 外延式经济增长反映为经济规模的扩大。

B. 内涵式经济增长虽然不会带来经济规模的扩大,但会提高产出/投入的比率。

C. 外延式经济增长是依靠投入要素的数量增加而引起的。

D. 可以用劳动生产率的上升来近似代表内涵式经济增长。

6. 关于汇率长期失调问题,下列说法正确的是:(　　)

A. 当出现外生技术进步冲击,内涵经济相对较快增长时,如果名义汇率升值,就会出现汇率失调的要素规模缺口,危害内涵经济的增长。

B. 当出现外生要素冲击,外延经济相对较快增长时,如果名义汇率贬值,就会出现汇率失调的技术进步缺口,造成效率低下、技术进步受阻,危害内涵经济增长。

C. 当国内资源消耗增长相对较快时,若本币贬值,同时又要保持一定的经济增长速度,那么就会对国内资源产生较高需求,从而出现国内资源供应缺口,导致国内资源的过度开发和利用。

D. 当国外进口资源消耗增长相对较快时,若本币升值,同时又要保持一定的经济增长速度,就会更多地消耗国外资源,从而造成国内资源需求缺口,导致国内资源利用水平低下和就业不足。

7. 尖峰模型告诉我们:(　　)

A. 均衡汇率是唯一的,它由内部均衡曲线和外部平行曲线的交点所决定。

B. 均衡汇率不是唯一的,它由内部均衡曲线决定。

C. 均衡汇率不是唯一的,它由外延经济增长与内涵经济增长的相互关系以及本国商品的国际竞争力共同决定,它是一个区间。

D. 均衡汇率是唯一的,它由本国与外国劳动生产率的对比决定。

8. 基于国情的中期均衡汇率模型和基于内部均衡的长期汇率模型显示:(　　)

A. 前者所示的均衡汇率随经济增长而呈波浪形水平向前发展。

B. 前者所示的均衡汇率随经济增长而呈单边向上(贬值)发展。

C. 后者所示的均衡汇率随经济增长而呈波浪形水平向前发展。

D. 后者所示的均衡汇率随经济增长而呈单边向上(贬值)发展。

三、简答题

1. 在中期跨度内,经济增长的动力是供给因素还是需求因素?为什么?这样的经济增长受到什么约束?

2. 在中期内,当本国需求上升导致产出上升时,为实现外部平衡分析,本币汇率应当如何变动?请使用汇率决定的弹性货币分析法重新分析产出上升时的汇率变动,其结论是否一致?为什么?

3. 当外生的要素供应增长发生,外延经济增长快于内涵经济增长时,为实现可持续增长,汇率水平应当怎样变动?

4. 如何理解"外延增长曲线和内涵增长曲线的交点并不表示外延增长的贡献与内涵经济增长的贡献正好是1∶1的关系,而是表示两者的比例达到了基于国情的平衡"?

5. 本币升值时,国内资源节约的途径包括哪些?

6. 长期内货币经常贬值会导致本国产业结构低端化的结论是如何得出的?

7. 当本国的劳动生产率增长高于外国,同时,本国的要素供应增长又过分高于本国劳动生产率的增长,此时,为实现内部均衡和外部平衡,本国的汇率水平应当如何变动?找一个实例来说明这两者是否存在冲突。

8. 假设企业总根据资本和劳动的相对价格,选择成本最低、产出最高的生产技术,那么,如果资本和劳动的相对价格不变,当企业想要扩大生产规模时,企业所采用技术的要素密集程度会怎样变化?生产规模扩大到什么程度时,资本存量约束会带来效率的损失?

四、论述题

1. 以本国国内需求上升为例,探讨内部均衡曲线和外部平衡曲线移动的具体过程和原因。

2. 在衡量生产效率时,为什么可以用劳动生产率来代替全要素生产率作为效率的近似指标?它有什么优势和不足?请使用柯布-道格拉斯生产函数解释。

3. 请试述增长条件下的汇率模型在资源角度的拓展。

4. 请以经济的可持续增长为条件,推导长期条件下的内外均衡模型,并以发生外生技术进步冲击为例,讨论汇率与内外均衡的关系。

第六章 外汇管理及其效率分析

一、判断题

1. 根据蒙代尔-弗莱明模型,在固定汇率制度下,货币政策相对有效,财政政策相对无效。（　　）
2. 资本外逃就是资本从本国流出,可以使用外汇管制手段对其进行限制。（　　）
3. 货币替代可以简单定义为本国居民对外币的过度需求。（　　）
4. 只有实现了资本项目下的货币兑换,该国货币才能被称为可兑换货币。（　　）
5. 影子汇率构成事实上的复汇率。（　　）
6. 外汇留成导致不同的实际汇率。（　　）
7. 如果一国实行固定汇率制度,则其拥有的国际储备数量可相对较小;反之,若实行浮动汇率制度,则应拥有较多的国际储备。（　　）
8. 浮动汇率的弊端之一就是容易造成外汇储备的大量流失。（　　）
9. 作为央行货币调控的手段,再贴现是商业银行把贴现过的票据在市场上再次贴现。（　　）
10. 外汇占款是我国中央银行投放基础货币的渠道之一。（　　）
11. 国际储备,是政府可随时用来干预外汇市场的资产。（　　）

12. 复汇率,是指一国在一段时期内实行一种汇率,在另一段时期又实行另一种汇率。   (   )

13. 国际储备的数量管理,主要是指最优储备数量的确定问题,它既取决于进口规模,又要考虑汇率制度和内部均衡的要求等因素。
                                                          (   )

14. 香港实行的联系汇率制,实际上是一种爬行钉住的汇率制度。   (   )

15. 外汇储备中,欧元、日元、英镑、瑞士法郎等表示的储备总额已经超过了美元储备,但就单种货币而言,美元储备仍然是最主要的储备。   (   )

二、不定项选择题

1. 中央银行投放基础货币的渠道有:(   )
   A. 在外汇市场上买入外汇   B. 在国债市场上买入国债
   C. 向外汇市场投放外汇   D. 为商业银行提供再贴现

2. 假设某国采取进口替代型经济发展战略,政府希望本币升值以降低进口设备的成本,为此,货币当局通过在外汇市场上的干预来促使货币升值,此时,可能会使干预不可行的因素是:(   )
   A. 本国外汇储备短缺,又难以获得国际借贷
   B. 本国国内面临较为严重的通货紧缩压力
   C. 本国常年推行赤字财政政策,需要发行较多的国债融资
   D. 未实行较为严格的兑换管制

3. 下列各种汇率安排中,对国内货币政策的独立性影响最小的是:(   );最大的是:(   )
   A. 货币局制度   B. 清洁浮动制度
   C. 可调整的钉住汇率制   D. 汇率目标区制度

4. 人民币自由兑换的含义是:(   )
   A. 经常项目的交易中实现人民币自由兑换。

B. 资本项目的交易中实现人民币自由兑换。

C. 国内公民实现人民币自由兑换。

D. 经常项目和资本项目下都实现人民币自由兑换。

5. 隐蔽的复汇率表现形式有：（　　）

A. 不同的财政补贴　　　　　B. 不同的出口附加税

C. 影子汇率　　　　　　　　D. 不同的外汇留成比例

6. 下列操作中，属于冲销式干预的是：（　　）

A. 央行在外汇市场买入价值5亿美元的外汇，并在国债市场买入价值5亿美元的国债。

B. 央行在外汇市场买入价值5亿美元的外汇，并向商业银行发行价值5亿美元的央行定向票据。

C. 央行在外汇市场卖出价值5亿美元的外汇，并在国债市场买入价值5亿美元的国债。

D. 央行在外汇市场卖出价值5亿美元的外汇，并将原来与商业银行订立的价值5亿美元的未到期国债正回购协议，转换为央行票据。

7. 中央银行参与外汇市场交易的目的是：（　　）

A. 获取利润

B. 对外汇储备的构成进行调节

C. 对市场自发形成的汇率进行干预

D. 平衡外汇头寸

8. 当本国货币当局一方面在外汇市场上买入本国货币、卖出外币资产，另一方面在本国债券市场上买入本国债券、卖出本国货币时，根据资产组合分析法则：（　　）；根据货币分析法则：（　　）

A. 本国货币升值，本国利率上升

B. 本国汇率和利率都不变

C. 本国货币升值，本国利率下降

D. 本国汇率不变，本国利率上升

9. 关于资本外逃的说法，正确的包括：（　　）

A. 资本外逃可以通过在国际贸易中低报进口、高报出口来进行。

B. 本国政治前景的不确定会加剧资本外逃。

C. 国际收支平衡表中的错误和遗漏账户余额，能够反映一部分资本外逃的情况。

D. 本币币值被人为低估可能会引发资本外逃。

10. 在外币直接标价法下，关于汇率目标区的说法，正确的包括：（　　）

A. 在市场参与者认为政府对目标区的承诺可信时，若本国汇率波动，接近目标区的上界时，就会在外汇市场上买入外汇、卖出本币。

B. 当市场参与者认为政府对目标区的承诺不可信时，若本国汇率波动，接近目标区的上界时，就会在外汇市场上买入外汇、卖出本币。

C. 在某些情况下，无需货币当局对汇率采取主动调控，市场力量就能够使汇率在目标区间内运行。

D. 当本国发生持续的国际收支逆差时，汇率向下突破目标区下界的可能性上升。

11. 汇率变动对通货膨胀在国际间的传导存在不对称效应，又称为棘轮效应，它是指：（　　）

A. 固定汇率制度下，顺差引起顺差国物价上升，逆差引起逆差国物价下降。

B. 固定汇率制度下，顺差引起顺差国物价上升，逆差可能使逆差国物价不能相应下降。

C. 浮动汇率制度下，逆差国汇率下降，物价上升；顺差国汇率上升，物价下降。

D. 浮动汇率制度下，逆差国汇率下降，物价上升；顺差国汇率上升，物价不一定同等程度地下降。

12. 关于特别提款权，下面正确的说法有：（　　）

A. 特别提款权的发行有充足的实物资源作为保障。

B. 特别提款权的价值相对而言不如美元稳定。

C. 各国所获得的特别提款权分配数额与其缴纳的基金份额有关。

D. 特别提款权的定价由美元、欧元、人民币、英镑和日元这五种货币币值的加权平均决定。

三、简答题

1. 什么是开放经济的三元悖论？
2. 简述货币局汇率制度的内容、稳定机制和优劣。
3. 什么是汇率目标区制度下的"蜜月效应"和"离婚效应"？
4. 什么是影子汇率？试对影子汇率制度进行效率分析。
5. 简述货币当局在本国货币市场上对货币供应进行冲销的工具及其特点。
6. 在金银复本位制下，有一个著名的命题是"劣币驱逐良币"；而在当代某些发展中国家出现的货币替代现象，则可以称作"良币驱逐劣币"。这两者之间存在矛盾吗？为什么？

四、论述题

1. 请对比浮动汇率制和固定汇率制的优点和缺点。
2. 假设本国货币当局为阻止本币贬值，在外汇市场上卖出外汇、买入本币，请分别使用蒙代尔-弗莱明模型和资产组合分析法，分析对此行为进行冲销式干预（假设冲销式干预在本国债券市场上以买入国债的形式进行）和非冲销式干预的效果。
3. 利用蒙代尔-弗莱明模型，讨论资本完全不流动时，固定汇率制和浮动汇率制下宏观经济政策有效性。
4. 什么是货币的自由兑换？论述人民币自由兑换对我国经济可能带来的影响，试提出自由兑换的合理步骤。
5. 请讨论最优储备数量的决定因素，你如何看待中国外汇储备连年增长这一问题？

第七章 金融全球化对内外均衡的冲击

一、判 断 题

1. LIBOR 在国际金融市场中发挥着基准利率的作用,因此,它是一种中长期的利率。（ ）

2. 货币市场和资本市场的划分,是以资金的用途为标准的。（ ）

3. 通常说的欧洲货币市场,主要是指在岸金融市场。（ ）

4. 石油美元,是指流入欧洲货币市场的产油国的美元。（ ）

5. 国际金融市场的发展速度严重依赖于世界贸易的增长速度。（ ）

6. International Financial Flows,译成国际资金流,实际上也可以理解成是国际游资,其规模和流向与生产、贸易、投资等实际经济活动紧密相关。（ ）

7. 可以用利率水平是否一致来衡量各国金融市场一体化程度。（ ）

8. 货币危机的基本特点是货币大幅度贬值,并引起外汇市场和金融市场持续动荡。（ ）

9. 票据市场是资本市场的一个组成部分。（ ）

10. 次贷危机,是指首先发生在美国而后又蔓延到其他国家的一场危机,它是由美国房地产贷款机构向资质较差的客户过多发放住房抵押贷款而引起的。   (   )

二、不定项选择题

1. 欧洲货币市场交易中比重最大的是:(   )
   A. 美元   B. 欧元
   C. 英镑   D. 日元
2. 货币危机与次贷危机的发生,是:(   )
   A. 都与国际游资的流动有关。
   B. 前者与国际游资的流动有关,后者与国际游资的流动无关。
   C. 前者与国际游资的流动无关,后者与国际游资的流动有关。
   D. 两种危机的爆发或阻止,都或多或少地可以看到利率的作用。
3. 作为主要国际金融中心之一,伦敦是:(   )
   A. 拥有全球市值最大的股票市场
   B. 全球的黄金定价中心
   C. 最大的外汇交易中心
   D. 提供国际基准利率
4. 欧洲美元的最初来源是:(   )
   A. 第二次世界大战时,为逃避战乱而转移到欧洲某些中立国的美元存款
   B. 冷战开始后,苏联为防止其在美国的存款被冻结,而转移到欧洲的美元存款
   C. 20世纪70年代石油危机时,产油国家获得的"石油美元"
   D. 欧洲经济共同体成立后,成员国为稳定汇率而共同出资成立的美元基金
5. 第一代货币危机理论认为:(   )
   A. 货币危机是由汇率的高估引起的。

B. 货币危机是由货币供给的过度扩张引起的。

C. 浮动汇率和固定汇率下,失当的宏观经济政策都会引起货币危机。

D. 如果汇率是浮动的,会存在一个影子汇率,这个汇率实际上是假设中存在的,在实际生活中并不存在。

6. 在欧洲货币市场上,可发生下列四类交易,其中日益重要的是:(   )

　　A. 国内投资者与国内借款人之间的交易

　　B. 国内投资者与外国借款人之间的交易

　　C. 外国投资者与国内借款人之间的交易

　　D. 外国投资者与外国借款人之间的交易

7. 对一国外债的承受能力和偿付能力,可以用来衡量的是:(   )

　　A. 外债余额与国内生产总值的比例,通常应低于 10%

　　B. 外债余额与当年商品和劳务出口收入的比例,通常应低于 5%

　　C. 年还本付息额与年国内生产总值的比例,通常应低于 10%

　　D. 年还本付息额与年商品和劳务出口收入的比例,通常应低于 20%

8. 次贷危机是因为美国的银行发放了过多的住房贷款,银行之所以能够发放过多贷款,是因为:(   )

　　A. 银行拥有足够的自有资本。

　　B. 银行把贷款打包成债券卖出去了。

　　C. 银行出售的抵押贷款债券经担保机构担保后更容易出售了。

　　D. 美国经济看好,利率又低,所以人们都想买房。

9. 巴塞尔委员会公布的资本充足率计算公式中:(   )

　　A. 国债有一定的风险,但风险权重较低。

　　B. 固定资产的风险权重被列为最高等级。

　　C. OECD 以外国家的风险权重高于 OECD 国家。

　　D. 银行短期贷款的风险权重大于银行购买的衍生金融产品的

风险权重。

10. 托宾税（　　）
A. 是对游资的跨境流动征收的一种税。
B. 是对资金跨境流动征收的外汇兑换交易手续费。
C. 是仅限于即期外汇兑换交易而言的一种税。
D. 是仅限于远期外汇兑换交易而言的一种税。

三、简 答 题

1. 简述国际资金流动的特点和原因。
2. 什么是国际资金流，它与其他类型的国际资本流动存在哪些区别？
3. 简述国际资金流动效果放大的机制。
4. 简述衡量对外偿债能力的指标。
5. 货币危机容易传染到什么类型的国家？
6. 在第一代货币危机模型中，为什么当外汇储备耗尽时，在货币供应量并未变化的时候，本国货币会发生一次性的贬值？
7. 简述离岸金融市场对本国国内货币的影响。
8. 简述通过汇市和股市对具有贬值预期的货币发动投机的基本流程。

四、论 述 题

1. 试述欧洲货币市场的发展和特点，并讨论它对世界货币供应有什么影响。
2. 根据你学习和掌握的资料，讨论境外市场人民币汇率走势及其原因，比较境外市场人民币汇率与境内外汇市场人民币汇率的异同并分析原因。

3. 讨论 20 世纪 80 年代发展中国家债务危机爆发的背景、原因和启示。

4. 试述第一代货币危机模型的基本观点、结论和理论特点。

5. 请论述并归纳第二代货币危机模型的基本思路和结论。

6. 请讨论次贷危机给我们留下了什么经验教训。

7. 自行收集资料,了解托宾税在新形势下的各种实施形式并分析其利弊。

第八章　金融全球化下的国际协调与合作

一、判　断　题

1. 布雷顿森林体系的主要特征是双挂钩,即美元与黄金保持固定比价,各国货币与美元保持固定比价。　　　　　　　　　（　　）
2. 布雷顿森林体系下的美元危机,本质上是美元信誉危机,即是流到世界上的美元最终能否按固定比价兑换美国的黄金储备的信心危机。　　　　　　　　　　　　　　　　　　　　　　（　　）
3. 储备货币国能够通过输出本国货币来弥补其国际收支逆差。
　　　　　　　　　　　　　　　　　　　　　　　　　（　　）
4. 在国际金汇兑本位制下,黄金依然可以充当支付手段。（　　）
5. 国际金本位的最大缺点是国际经济和贸易的发展受制于世界黄金产量的增长。　　　　　　　　　　　　　　　　　（　　）
6. 黄金非货币化是指黄金既不是各国货币平价的基础,也不能用于官方的国际清算。　　　　　　　　　　　　　　　（　　）
7. 国际货币基金组织的最高权力机构是执行董事会。　（　　）
8. 各国在基金组织的份额决定了各国在基金组织的投票权、借款额,以及特别提款权的分配额。　　　　　　　　　　　（　　）
9. 牙买加体系的最大特点是储备货币多样化、汇率制度多样化,以及黄金非货币化。　　　　　　　　　　　　　　　（　　）

10. 如果战后美国一直保持贸易顺差,那么,布雷顿森林体系将仍然可以维持下去。（　　）

11. 通货区的重要特征是通货区作为一个集体,对外保持固定汇率。（　　）

12. 欧元区的最大问题是,在单一货币下,各成员国发展不平衡,从而使解决经济发展不平衡的手段主要都落在了财政政策上,由此导致了不少成员国财政赤字过大,公共债务不堪重负。（　　）

二、不定项选择题

1. 历史上第一个国际货币体系是:（　　）
   A. 国际金本位制　　　　　B. 国际金汇兑本位制
   C. 布雷顿森林体系　　　　D. 牙买加体系

2. 特里芬两难是指:（　　）
   A. 为了保证世界经济的增长,美国需要不断输出美元,而这样做会引起全球通货膨胀。
   B. 为了保证世界经济增长,美国需要不断输出美元,而输出美元太多后,又不能保证流出美国的美元按固定比价兑换美国政府的黄金,美元的可兑换性危机就会发生。
   C. 为了保证世界经济的增长,美国需要不断输出美元,而这样做,美国国内就会产生流动性稀缺,从而影响美国的经济增长。
   D. 美国作为世界储备货币的主要发行国,虽然能获得很多国际铸币税,但也会给美国带来持续的国际收支逆差。

3. 牙买加体系与布雷顿森林体系相比,主要区别在于:（　　）
   A. 黄金非货币化　　　　　B. 储备货币多样化
   C. 汇率制度多样化　　　　D. IMF的作用增大

4. 根据IMF的贷款条件原则,在国际收支调节中看重的是:（　　）
   A. 制度因素　　　　　　　B. 结构因素

C. 需求因素　　　　　　　D. 不可控因素

5. 战后国际经济领域的三大全球性机构包括：（　　）

A. 国际复兴与开发银行　　B. 世界贸易组织
C. IMF　　　　　　　　　 D. 国际清算银行

6. IMF 贷款的基本资金来源是：（　　）

A. 各国所缴纳的基金份额　B. 发达国家捐款
C. 石油输出国组织的捐款　D. IMF 出售黄金的利润

7. 关于铸币税的说法，正确的有：（　　）

A. 在货币法定，并且不要求发行准备的情况下，任何国家在对内发行货币时，都可以获得铸币税。

B. 在国际贸易中，由于本币可以兑换成外币，所以任何国家都可以通过发行本币、兑换外币的方式，获得国际铸币税。

C. 一国国际铸币税的数量可以用"外国持有本国货币数量×（本国长期利率－本国短期利率）"的公式来估算。

D. 即使是储备货币国，也不可能无限地获得国际铸币税。

8. 关于国际储备的说法，正确的是：（　　）

A. 各国国际储备的大量积累会引发全球性的通货膨胀。

B. 在国际金本位制下，国际储备的积累速度在根本上取决于黄金产量的增长速度。

C. IMF 分配给成员国的特别提款权可以作为国际储备的一部分。

D. 当自有国际储备不足时，IMF 成员国可以申请向 IMF 借款，即用本国货币向 IMF 购买外汇。

9. 产品越是多样化，国家的规模可能就越大，对外贸易占整个经济的比重就可能越低。按照凯南的理论，这类国家应实行（　　）汇率制度；而按照麦金农的理论，则应实行（　　）汇率制度。

A. 固定　　　　　　　　　B. 浮动

10. "蛇行于洞"描述的是欧洲货币一体化发展历程中的：（　　）

A. 跛行货币区阶段　　　　B. 联合浮动阶段
C. 欧洲货币体系阶段　　　D. 欧洲单一货币阶段

11. 高度依赖的 A 和 B 两个国家之间,其他条件不变,A 国经济变量的波动可通过下列机制传导到 B 国对应的变量:(　　)

　　A. A 国需求变动—A 国进出口变动—B 国需求变动

　　B. A 国汇率变动—A 国进出口变动—B 国需求变动

　　C. A 国物价变动—A 国出口商品价格变动—B 国物价变动

　　D. A 国提高利率—资金从 B 国流向 A 国—B 国货币存量下降,利率也上升

12. 东欧国家申请加入欧元区的条件包括:(　　)

　　A. 通货膨胀率必须不能超过三个通胀率最低的欧元区国家平均水平 1.5 个百分点。

　　B. 长期利率不能超过通货膨胀率最低的三个国家的平均利率 2 个百分点。

　　C. 每年的财政赤字不得超过 GDP 的 3%,国债余额不得超过 GDP 的 60%。

　　D. 加入欧元区前两年内,其货币对欧元汇率保持稳定。

13. 保证欧元区经济稳定的机制主要包括:(　　)

　　A. 稳定与增长公约

　　B. 成员国准入机制

　　C. 由欧洲中央银行统一执行货币政策

　　D. 赋予各国灵活使用财政政策的权利

14. 在本国是一个大国,本国的经济政策能对外国产生影响的情况下,考虑到宏观经济政策的外溢效应,在资本完全流动及浮动汇率制度下,本国的财政扩张对本国产出的效应是:(　　)

　　A. 有效

　　B. 有效,但效果小于小型开放经济条件下的财政扩张效应

　　C. 无效

　　D. 效应不确定

15. 按巴拉萨效应理论,相对购买力平价而言,发达国家货币相对高估和发展中国家货币相对低估的原因有:(　　)

　　A. 发达国家和发展中国家之间的劳动生产率差异

B. 发达国家的垄断和殖民剥削
C. 一国内劳动生产率部门差异引起服务业成本上升
D. 所有可贸易品的交换都存在一价定律

三、简 答 题

1. 简述特别提款权与外汇储备资产的联系和区别。
2. 简单评价基金组织的贷款条件原则。
3. 请简述特里芬两难的含义及其结果。
4. 简述用通货膨胀相似性来判断最适度通货区的理由及其不足。
5. 为什么说国际金本位制下的国际收支调节机制具有对称性?
6. 简述欧元区稳定与增长公约的要求及其意义。

四、论 述 题

1. 现有的国际货币体系存在怎样的缺陷?一个稳定的国际货币体系必须具备哪些条件?
2. 试述巴拉萨-萨缪尔森效应及其与中国的现实联系。
3. 请讨论储备货币国发行储备货币的得失,并请谈谈你对人民币国际化的看法。
4. 请利用两国条件下的蒙代尔-弗莱明模型,分析固定汇率制度下本国货币扩张和财政扩张的效果(只需考虑溢出效应,无需考虑反馈效应),并将此与小型开放经济条件下的政策效果进行比较。

第三部分 模拟试题(A)

模拟试题一

一、判断题（10分＝2分×5）

1. 在欧洲货币市场上，国际贷款利率制定的基础是LIBOR。
（　　）

2. 外汇直接管制属于国际收支调节中的支出增减型政策。
（　　）

3. 在布雷顿森林体系下，美国通过输出纸币而获得了大量的国际铸币税。（　　）

4. 在国际货币基金组织中，24个主要工业国家形成了代表发达国家利益的"二十四国集团"。（　　）

5. 国际收支基本账户的差额反映为本国国际储备的增减。（　　）

二、不定项选择题（15分＝3分×5）

1. 支出转换性政策主要包括：（　　）
   A. 汇率政策　　　　　　　B. 预算政策
   C. 关税政策　　　　　　　D. 货币政策

2. 国际货币基金组织的职能有：（　　）
   A. 为成员国的货币合作和协商提供一个平台
   B. 为经济落后的国家提供发展援助
   C. 为成员国提供汇率行为准则，监督其汇率
   D. 为成员国提供权力同等的参与国际货币金融事务的渠道

3. 隐蔽的复汇率表现形式包括：（　　）

A. 不同的财政补贴　　　　　B. 不同的附加税
C. 影子汇率　　　　　　　　D. 不同的外汇留成比例

4. 当出现国际收支不平衡时,国际收支逆差国所能采取的措施是:(　　)

A. 通过国际借贷融资

B. 用本国外汇储备向顺差国支付差额

C. 采取紧缩本国支出的政策

D. 货币相对于顺差国贬值

5. 关于利率平价,下列说法正确的是:(　　)

A. 根据套补利率平价,当本国利率高于外国时,在远期,本币将贬值。

B. 根据套补利率平价,当本国利率高于外国时,在远期,本币将升值。

C. 根据非套补利率平价,本国利率高于外国,反映了市场对本国货币在未来升值的预期。

D. 根据非套补利率平价,本国利率高于外国,反映了市场对本国货币在未来贬值的预期。

三、名词解释（20 分＝4 分×5）

1. J-Curve Effect　　　　　2. Law of One Price
3. 自主性交易　　　　　　　4. 可维持的国际收支差额
5. 第八条款国

四、简答题（30 分＝15 分×2）

1. 简要推导马歇尔-勒纳条件,并说明其经济含义。

2. 根据尖峰模型,当本国的劳动生产率增长高于外国,同时,本国的要素供应增长又过高于本国劳动生产率的增长,此时,为实现内部均衡和外部平衡,本国的汇率水平应当如何变动？找一个实例来说明这两者是否存在冲突。

五、论述题（25分）

利用小型开放经济下的蒙代尔-弗莱明模型，当资本完全不流动时，分别讨论固定汇率制和浮动汇率制下财政和货币政策的有效性。

模拟试题二

一、判断题（10 分＝2 分×5）

1. 在金本位制度下，汇率决定的基础是铸币平价。　　　　（　　）
2. 根据蒙代尔最优指派原则，当一国处于国际收支顺差、国内通货膨胀状态时，应当采用紧缩的货币政策和扩张的财政政策加以调节。　　　　　　　　　　　　　　　　　　　　　　（　　）
3. 国际储备，是指政府拥有的海外资产。　　　　　　（　　）
4. 如果投机者预期，一年后美元对英镑的汇率为 1.95 美元＝1 英镑，而目前 1 年期远期外汇市场的汇率为 1.80 美元＝1 英镑，则该投机者所进行的操作将使远期英镑升值、美元贬值。（　　）
5. 第一代货币危机模型和国际收支的货币论具有类似的分析框架。　　　　　　　　　　　　　　　　　　　　　　（　　）

二、不定项选择题（15 分＝3 分×5）

1. 导致国际金融市场创新的原因有：（　　）
   A. 经济和金融自由化的推动　　B. 科技进步的推动
   C. 规避金融管制　　　　　　　D. 生产和资本国际化的需要
2. 贬值改善国际收支的条件有：（　　）
   A. 需求的价格弹性好
   B. 存在闲置的生产要素
   C. 贬值的同时不能扩大货币供应量
   D. 吸收倾向要大

3. 本国货币贬值对总需求可能的影响包括：(   )

A. 本币贬值增加了外国对本国产品的需求，促进本国总需求上升。

B. 本币贬值具有收入再分配效应，有利于出口行业的收入增加，在出口行业边际消费倾向较低的情况下，可能会紧缩总需求。

C. 本币贬值使本国货币购买外币资产的能力下降，如果以国际货币计算，本国居民的财富下降，通过财富效应导致总需求的萎缩。

D. 本币贬值后，偿还相同数额的外债需要付出更多的本国货币。当外债还本付息额较大时，贬值会引起国内总需求下降。

4. 在20多年前，某国曾出现一轮生育高峰，这使该国当前出现了劳动力供给充足的状况。对此，该国在选择汇率水平时应当：(   )

A. 从中期增长角度考虑，应当将本币适当贬值，以利用本国劳动力充足的优势提高产出。

B. 从资源利用角度考虑，应当将本币适当贬值，以为本国适龄劳动力提供就业岗位。

C. 从长期增长角度考虑，应当将本币适当升值，以利用要素丰裕的时机，同时提高本国的生产效率。

D. 从长期增长角度考虑，应当将本币适当贬值，使本国的生产更依赖于劳动投入，以适应本国要素结构。

5. 货币局制度的特点包括：(   )

A. 通常要求货币发行必须以一定（通常是百分之百）的外国货币作为准备金。

B. 货币当局被称为货币局，而不是中央银行。

C. 本国的货币发行量不再听任货币当局的主观愿望，而是取决于可用作准备的外币数量的多少。

D. 货币局制度能够有效地保障政府的财政支出自由。

三、名词解释（20分＝4分×5）

1. Meade's Conflict
2. Overshooting
3. IMF 贷款条件性
4. 货币替代

5. 汇率的要素规模缺口

四、简答题（30 分＝15 分×2）

1. 简述次贷危机的成因、扩散，以及从中得到的经验教训。

2. 当本国发生结构性的国际收支不平衡（逆差）时，是否可以只使用汇率政策对此进行调整？为什么？

五、论述题（25 分）

评述购买力平价的理论意义和局限性，为什么购买力平价理论在实证中不能得到较好的支持？

模拟试题三

一、判断题（10分＝2分×5）

1. 在金本位制度下,国际收支自动调节的"货币—价格机制"会失效。（　　）
2. 在外币汇率间接标价法下,汇率值数额越大,意味着本币币值越低。（　　）
3. IMF的职责是向会员国政府提供发展贷款,促进低收入国家经济增长。（　　）
4. 为保持外部平衡,当本国居民对外国产品、劳务的需求提高时,应当使本币升值,以增强本国居民的购买力,满足他们的需求。（　　）
5. 欧元区稳定和增长公约规定,欧元区成员国每年发生的财政赤字不得超过当年GDP的3%。（　　）

二、不定项选择题（15分＝3分×5）

1. 当今国际储备资产中比重最大的资产为：（　　）
   A. 黄金储备　　　　　　　B. 外汇储备
   C. 普通提款权　　　　　　D. 特别提款权
2. 巴塞尔委员会建议：（　　）
   A. 银行的资本充足率至少不能低于8%。
   B. 资本充足率是以银行全部贷款与资本的比例来衡量的。
   C. 资本充足率是以银行全部贷款与银行的税前利润的比例来衡量的。

D. 银行之间的长期借款可计入一级资本。
3. 特别提款权具有的职能是：（　　）
A. 价值尺度　　　　　　B. 支付手段
C. 储藏手段　　　　　　D. 流通手段
4. 根据巴拉萨-萨缪尔森效应，当发展中国家可贸易品部门劳动生产率相对于发达国家上升时，那么：（　　）
A. 本币名义升值。　　　B. 本币名义贬值。
C. 本币实际升值。　　　D. 本币实际贬值。
5. 关于汇率决定，根据弹性价格的货币分析法，下列说法正确的是：（　　）
A. 本国产出上升时，本币将会贬值。
B. 本国产出上升时，本币将会升值。
C. 本国利率上升时，本币将会贬值。
D. 本国利率上升时，本币将会升值。

三、名词解释（20分＝4分×5）

1. Triffin Dilemma　　　　　2. 国际游资
3. 欧洲美元　　　　　　　　4. 黄金输送点
5. 汇率决定的比价属性和杠杆属性

四、简答题(30分＝15分×2)

1. 简述蒙代尔的政策指派原理，并填写下表。请讨论：被分配给特定目标的政策，其效果是单一的吗？

财政政策与货币政策的指派

经济状况	财政政策	货币政策
失业、衰退/国际收支逆差		
通货膨胀/国际收支逆差		
通货膨胀/国际收支顺差		
失业、衰退/国际收支顺差		

2. 固定汇率制和浮动汇率制各自都有哪些具体的优劣之处,请加以比较。

五、论述题(25分)

请以经济的可持续增长为条件,推导长期条件下的内外均衡模型(尖峰模型),并在其他条件不变的情况下以发生外生技术进步冲击为例,讨论汇率与内外均衡的关系。

模拟试题四

一、判断题（10分＝2分×5）

1. 一般来说,在外币汇率直接标价法下,本国通货膨胀率越高,汇率数值越低。（　）
2. 布雷顿森林体系实际上是一种国际金汇兑本位制。（　）
3. 尽管人民币在经济账户已经实现了自由兑换,但根据IMF的定义,人民币尚不属于可兑换货币。（　）
4. 实际汇率,是以本国对不同国家的贸易占本国对外贸易总值的比重为权重来计算的。（　）
5. 在斯旺模型中,内部均衡曲线表示国内的总需求和总供给相等,它从左到右向上倾斜。（　）

二、不定项选择题（15分＝3分×5）

1. 国际收支平衡表中的人为项目是:（　）
   A. 经常项目　　　　　　　B. 资本和金融项目
   C. 综合项目　　　　　　　D. 错误和遗漏项目

2. 根据国际收支调节的货币分析法,当其他条件不变时,本国货币供给增加,会使:（　）
   A. 本国物价上升。　　　　B. 本国国际储备下降。
   C. 本国货币的汇率下降。　D. 本国实际货币需求上升。

3. 外汇直接管制的目的包括:（　）
   A. 减少短期国际冲击对本国的影响
   B. 减少可能抵消宏观经济政策效力的因素

C. 在政府采取了不恰当的宏观经济政策后,被迫采用管制以减少不良后果

D. 为本国渐进式的价格改革提供缓冲

4. 在国际收支调节中,具有替代性的政策组合包括:(　　)

A. 支出扩张政策与鼓励进口政策

B. 支出缩减政策与对外融资政策

C. 支出缩减政策与增加供给政策

D. 支出扩张政策和鼓励出口政策

5. 贬值要带来总需求的扩大,必须满足的条件是:(　　)

A. 出口商品的需求价格弹性大

B. 贬值的同时货币供应量不能同时扩大

C. 贬值后,生产能随总需求的增加而扩大,即要存在可用于生产扩大的闲置生产要素

D. 贸易条件要改善

三、名词解释（20 分＝4 分×5）

1. 贸易条件　　　　　　2. 套算汇率
3. 最优指派原则　　　　4. 外部均衡
5. 铸币税

四、简答题（30 分＝15 分×2）

1. 小型开放经济下的一国蒙代尔-弗莱明模型和两国条件下的蒙代尔-弗莱明模型中,本国货币政策的效果起了哪些变化,请简要加以说明。

2. 国际收支自动调节的机制有哪几种？国际收支自动调节有什么代价？

五、论述题（25 分）

什么是国际储备,从内部均衡和外部平衡的角度综合讨论国际储备的最优数量应如何决定？

模拟试题五

一、判断题（10 分＝2 分×5）

1. 布雷顿森林体系的"双挂钩"是指以美元和英镑作为国际储备货币,两者都与黄金挂钩。（   ）

2. 货币危机的重要启示是:当发现固定汇率制度可能难以维持时,应当尽可能地延缓其崩溃。（   ）

3. 在国际收支平衡表中,凡使资产增加、负债减少的交易应记入贷方。（   ）

4. 解决一国开放经济中内外目标冲突问题不能依赖单一的政策手段。（   ）

5. 国际借贷说是关于国际金融市场中长期借贷的理论。（   ）

二、不定项选择题（15 分＝3 分×5）

1. 一国利率水平相对于外国提高,会导致其货币:（   ）
   A. 即期贬值　　　　　　　B. 即期升值
   C. 远期贬值　　　　　　　D. 远期升值

2. 关于汇率和民族工业的关系,正确的是:（   ）
   A. 本币贬值是对出口的一种补贴,对进口的一种变相赋税。
   B. 当一国采取进口替代型战略时,宜采取高估本币的策略,以用较低成本进口工业装备。
   C. 当一国采取进口替代型战略时,宜采取低估本币的策略,以减少进口,促进本国产品在国内的销售。

D. 当一国采取出口导向型战略时,宜采取低估本币的策略,以降低本国出口产品的价格,提高本国出口商品的竞争力。

3. 国际收支中的综合差额是:(　　)

A. 有形贸易(货物)收支与无形贸易(服务)收支之和

B. 经常账户收支与资本和金融账户收支之和

C. 经常账户与长期资本账户收支之和

D. 经常账户收支与扣除了官方储备账户的资本和金融账户收支之和

4. 根据国际收支的吸收论,国际收支差额的大小取决于:(　　)

A. 国民收入水平

B. 边际吸收倾向

C. 国内吸收

D. 边际进口倾向

5. 汇率决定的资产组合分析中,若其他条件不变,中央银行买入国债卖出本币,会使:(　　)

A. 货币市场平衡曲线 MM 左移

B. 货币市场平衡曲线 MM 右移

C. 本国利率水平下降,本币升值

D. 本国利率水平上升,本币贬值

三、名词解释（20 分＝4 分×5）

1. 外延经济增长与内涵经济增长
2. Term of Trade　　　　3. 资本外逃
4. 外汇倾销　　　　　　5. 马歇尔-勒纳条件

四、简答题（30 分＝15 分×2）

1. 根据黏性价格的货币分析法,当本国货币供给一次性增加时,为什么会出现汇率的超调,超调的汇率又是如何恢复或切近长期均衡水平的?

2. 请简述一国内部均衡的要求是如何影响一国国际储备数量的。

五、论述题（25分）

在短期内,根据内外均衡分析的新框架($P-e$ 模型),内外均衡失调包括哪几种？其自动调节机制是怎样的？为什么还有必要进行适当的政策调节？

模拟试题六

一、判断题（10分＝2分×5）

1. 在牙买加体系下，黄金仍然被视作国际储备的一部分，可以用来结算国际收支差额。（ ）
2. 中国外汇管理史上曾使用过的内部结算价，就是在市场汇率基础上国内企业之间使用的一种人民币与美元之间的兑换价。
（ ）
3. 购买力平价说对于长期汇率水平的解释相对比较可靠，但解释短期汇率较为困难。（ ）
4. 国际银行业务设施（IBF）是伦敦金融城设立的金融创新机构。（ ）
5. 票据市场是国际资本市场的重要组成部分。（ ）

二、不定项选择题（15分＝3分×5）

1. 欧元区最大的问题是把发展差异较大、劳动生产率差异较大的17国捆绑在一起，同时又：（ ）

A. 完全剥夺了各国的货币政策自主权和汇率政策自主权。

B. 完全剥夺了各国的汇率政策自主权和财政政策自主权。

C. 完全剥夺了各国货币政策自主权，而同时又限制了各国财政政策的自主权。

D. 汇率对外统一浮动而对内相互固定，汇率过于刚性。

2. 按蒙代尔的最优指派原则，当一国同时处于通货紧缩和国际

收支顺差时,应当采取:(　　)

　　A. 紧缩的货币政策和扩张的财政政策

　　B. 紧缩的货币政策和紧缩的财政政策

　　C. 扩张的货币政策和扩张的财政政策

　　D. 扩张的货币政策和紧缩的财政政策

3. 一般说来,一国国际收支出现顺差会导致:(　　)

　　A. 浮动汇率制下的货币坚挺　　B. 浮动汇率制下的货币疲软

　　C. 固定汇率制下的物价下跌　　D. 固定汇率制下的物价上涨

4. 根据汇率决定的超调模型,当一国货币供应一次性上升时:
(　　)

　　A. 物价短期内不变,长期内上升。

　　B. 产出水平上升。

　　C. 本国货币先较大幅度贬值,然后小幅升值,在长期内相对于原来有所贬值。

　　D. 本国利率先下降,然后上升,在长期内切近原有水平。

5. 国际货币基金组织资金的最基本来源是:(　　)

　　A. 拍卖黄金所得到的资金

　　B. 创设的特别提款权

　　C. 成员国认缴的份额

　　D. 发放贷款的利息收入

三、名词解释（20 分＝4 分×5）

1. Non-tradable Goods

2. 非套补的利率平价

3. 国际收支的结构性不平衡

4. 国际收支自动调节的"货币-价格"机制

5. 丁伯根原则

四、简答题（30 分＝15 分×2）

1. 根据可持续增长的汇率模型,当外生的要素供应增长发生,外延经济增长过快于内涵经济增长时,为实现可持续增长,汇率水平应当怎样变动(请作图说明)?

2. 请简要比较国际收支的吸收分析法和货币分析法,当一国出现国际收支逆差时,这两种方法分别给出了怎样的纠正方法,请比较和评价这两种方法,并尝试说明这两种方法的适用条件。

五、论述题(25分)

请利用两国条件下的蒙代尔-弗莱明模型,分析固定汇率制度下本国货币扩张和财政扩张的效果(只需考虑溢出效应,无需考虑反馈效应),并将此与小型开放经济条件下的政策效果进行比较。

模拟试题七

一、判断题（10分＝2分×5）

1. "米德冲突"是指财政手段和汇率手段的冲突。　（　）
2. 利率平价说是指通过金融市场的套利,两国利率趋于相等。
　　　　　　　　　　　　　　　　　　　　　　　　（　）
3. 在浮动汇率情况下,资金总是流向利率高的地方。　（　）
4. 通货区的一个重要特征是区域内各国间实行固定汇率。
　　　　　　　　　　　　　　　　　　　　　　　　（　）
5. 经常账户与资本和金融账户都属于自主性交易账户。（　）

二、不定项选择题（15分＝3分×5）

1. 国际金币本位制的特点有:（　　）
   A. 黄金是国际货币体系的基础。
   B. 黄金可以在各国间自由输入、输出,并被自由铸造成货币。
   C. 各国货币均可以按法定含金量与黄金自由兑换。
   D. 在该制度下,各国的国际收支调节具有对称性。
2. 汇率决定的资产组合分析法将一国持有的资产分为:
（　　）
   A. 本国货币　　　　　　　B. 本国债券
   C. 外币资产　　　　　　　D. 实物资产
3. 次贷危机的发生、蔓延原因有:（　　）
   A. 银行相对于自有资本而言发放了过多的住房贷款。

B. 美国的高利率使银行发放贷款的利息收入增加,从而刺激了住房抵押贷款的发放。

C. 住房抵押贷款证券化后,又在市场上出售,从而使银行能获得更多的贷款资源。

D. 金融创新助长了抵押贷款债券的发放和国际流通。

4. 在国际收支的货币分析法中:(   )

A. 假定一国的货币需求是稳定的。

B. 一国的货币供给来自国内信贷和国际储备。

C. 居民对手中货币余额的调节体现为国际收支。

D. 当本国国内信贷扩张时,本国将出现国际收支盈余。

5. 一国执行货币兑换管制的可能后果包括:(   )

A. 能够节约外汇,用于集中进口本国必需品。

B. 会形成规模较大的外汇黑市。

C. 为获得外汇,本国厂商会倾向于高报出口、低报进口。

D. 会形成经济租金,进一步引发不公平的再分配和寻租成本。

三、名词解释(20 分=4 分×5)

1. Syndicate Loan   2. Sterilized Intervention
3. 货币局制度   4. 抵补套利
5. 蜜月效应

四、简答题(30 分=15 分×2)

1. 请简述货币贬值在什么情况下会带来正的就业效应。

2. 在固定汇率制度下,当一国货币币值出现明显高估时,投机者一般会如何对该货币进行冲击,政府又应该如何来遏制投机、恢复市场的稳定?

五、论述题(25 分)

试述第一代货币危机模型的基本观点、结论和理论特点。

模拟试题八

一、判断题（10 分＝2 分×5）

1. 国际收支平衡表实质上是一种会计报表,但由于在现实中国际收支不可能完全平衡,所以,国际收支平衡表的账户总余额也不要求完全平衡。（　　）

2. 购买力平价说的理论前提是一价定律。（　　）

3. 在本外币的远期交易中,对卖出本币征税或要求支付更多保证金,有助于抑制预期引起的本币贬值。（　　）

4. 在一定时期内,一国货币对另一国货币贬值,其有效汇率指数将会下跌。（　　）

5. 当汇率变动导致劳动价格相对于资本上升时,企业会倾向于在生产中使用更多劳动以提高产品价格,增加利润。（　　）

二、不定项选择题（15 分＝3 分×5）

1. IMF 的最高决策机构是：（　　）
 A. 理事会　　　　　　　　B. 执行董事会
 C. 国际货币与金融委员会　　D. 发展委员会

2. 一般而言,由（　　）引起的国际收支失衡是长期且持久的。
 A. 经济周期更迭　　　　　B. 货币价值变动
 C. 预期目标改变　　　　　D. 经济结构滞后

3. 物价—现金流动机制一般是指（　　）货币制度下国际收支的自动调节理论。

A. 金币本位制　　　　　　B. 金汇兑本位制
C. 布雷顿森林体系　　　　D. 信用本位制

4. 港币联系汇率制度，实际上是一种货币局制度。在这种制度下，香港金融当局：（　　）

A. 能够较方便地变动汇率从而较方便地调节香港经济
B. 拥有较大的调节货币供应的自主权
C. 变动汇率比较困难，变动利率相对容易
D. 实际上执行的是一种难于变更的固定汇率制度

5. 下列经济活动涉及经常账户的是：（　　）

A. 本国政府对外的无偿捐助
B. 对外长期投资利润的汇回
C. 本国居民对外进行长期投资
D. 本国劳务输出的工资汇回

三、名词解释（20分＝4分×5）

1. 货币替代　　　　　　2. UIP
3. 需求的收入弹性　　　4. 离岸金融市场
5. 储备货币

四、简答题（30分＝15分×2）

1. 请简述特里芬两难的含义及其结果。
2. 简述贬值会使本国的国民收入发生怎样的变动。

五、论述题（25分）

以本国国内需求上升为例，探讨 $P-e$ 模型中中期内内部均衡曲线和外部平衡曲线移动的具体过程和含义。

模拟试题九

一、判断题（10分＝2分×5）

1. 资产组合说能够解释汇率的短期变化，但只偏重金融资产的影响。（   ）

2. 在固定汇率制下，货币论可以用来解释国际收支差额的形成；在浮动汇率制下，货币论可以用来解释汇率的变动。（   ）

3. 外部实际汇率公式 $R=e\dfrac{P_f}{P_d}$ 中，R 上升，表示本国货币实际升值。（   ）

4. 外汇占款是我国中央银行投放基础货币的渠道之一。（   ）

5. 长期看，若其他条件不变，本国劳动生产率的增长快于外国劳动生产率的增长，本币币值会下降。（   ）

二、不定项选择题（15分＝3分×5）

1. 欧洲美元是指：（   ）
   A. 欧洲地区的美元　　　　B. 美国境外的美元
   C. 世界各国美元的总称　　D. 各国官方的美元储备

2. 若相对购买力平价成立，则：（   ）
   A. 本国物价水平和外国物价水平保持恒定比例。
   B. 折算成同一货币后，本国物价水平与外国物价水平相等。
   C. 本国通货膨胀率高于外国时，本国货币将会贬值。

D. 若将两国物价折算成同一货币来衡量,则两国通货膨胀率相等。
3. 中央银行的货币政策工具包括:( )
   A. 再贴现率   B. 公开市场操作
   C. 准备金率   D. 国债利率
4. 根据蒙代尔-弗莱明模型,在资本完全流动的情况下,不能同时实现的是:( )
   A. 独立的货币政策和固定汇率
   B. 独立的货币政策和浮动汇率
   C. 有效的财政政策和固定汇率
   D. 有效的财政政策和浮动汇率
5. 根据汇率决定的国际收支说,当其他条件不变时,则:( )
   A. 本国国民收入的增加将使得本币贬值。
   B. 本国价格水平的下降将使得本币贬值。
   C. 外国利率的提高将造成本币贬值。
   D. 对本币在未来贬值的预期将导致本币即期的贬值。

三、名词解释(20 分=4 分×5)
1. 国际清偿力   2. Crawling Peg
3. 牙买加体系   4. 有效汇率
5. 币值的低估和高估

四、简答题(30 分=15 分×2)
1. 假定某日伦敦外汇市场的中间价为 1 英镑=2.017 4 美元,英镑 1 年期远期贴水为 6.55 美分,1 年期英镑利率为 2.7%,1 年期美元利率为 5.5%。应当如何进行抵补套利才能够有利可图?
2. 简要说明巴拉萨-萨缪尔森效应的基本原理,并作出评价。

五、论述题(25 分)
试述蒙代尔-弗莱明模型的基本框架和 IS、LM、BP 曲线移动的原理。

模拟试题十

一、判断题（10分＝2分×5）
1. 国际收支顺差不需要调节，只有逆差才需要调节。（ ）
2. 利率平价学说是关于长期汇率决定的一种学说。（ ）
3. 当前国际货币制度明确规定了黄金的非货币化，但基金组织仍然把各国政府的黄金储备计入其国际储备。（ ）
4. 货币同盟意味着各同盟国放弃货币主权。（ ）
5. IMF贷款条件原则的理论基础是凯恩斯主义。（ ）

二、不定项选择题（15分＝3分×5）
1. 以凯恩斯的国民收入方程式为基础来分析国际收支的方法是：（ ）
   A. 弹性分析法　　　　　B. 吸收分析法
   C. 货币分析法　　　　　D. 结构分析法
2. 国际收支的自动调节机制包括：（ ）
   A. 货币—价格机制　　　B. 收入机制
   C. 利率机制　　　　　　D. 支出增减机制
3. 在金币本位制下，纸币能执行的职能包括：（ ）
   A. 价值尺度　　　　　　B. 流通手段
   C. 支付手段　　　　　　D. 储藏手段
4. 当本国货币当局在外汇市场上卖出外币、买入本币，并在本国债券市场上对其进行冲销时，根据资产组合分析法，则：（ ）

A. 本国货币贬值。　　　　　B. 本国货币升值。
C. 本国利率上升。　　　　　D. 本国利率下降。
5. 按成交金额而言,国际金融市场中,每日成交金额最高的是：
( )
A. 股票市场　　　　　　　B. 债券市场
C. 黄金市场　　　　　　　D. 外汇市场

三、名词解释（20分＝4分×5）

1. CIP
2. Impossible Trinity
3. 不同标价法下本币升值率和贬值率的计算公式
4. IMF 份额
5. 货币升值对外延和内涵经济增长影响效果的三个约束

四、简答题（30分＝15分×2）

1. 简述货币局汇率制度的内容、稳定机制和优劣。
2. 简单评价基金组织的贷款条件原则。

五、论述题（25分）

请运用资产组合分析法的原理,说明中央银行的各种市场操作行为会对本国汇率和利率产生什么影响。

第四部分　模拟试题(B)

模拟试题B以考试时长120分钟设计,闭卷,可以携带计算器。

模拟试题十一

一、判断题（正确的打√,错误的打×。每题2分,12题,共24分）

1. 根据多恩布什的"汇率超调论",汇率之所以在受到货币冲击后会有过度反应,是因为资产价格的调整速度快于商品价格的调整速度。（　）

2. 外债清偿率是指年还债（还本利息）总额与年商品和劳务出口收入之比,这个比例一般不应超过10%。（　）

3. 按 $P-e$ 模型,如果没有技术进步和劳动生产率的提高,产出的增长会伴有物价水平的上升。（　）

4. 实际汇率 $R = e_0 \dfrac{w_f a_d}{w_d a_f}$,若其他条件不变,本国单位劳动的产出 a_d 上升,表示本国劳动生产率上升,由此导致本国实际汇率 R 的数值上升,即本币实际贬值。（　）

5. 以国际收支平衡为标杆,以实际汇率 $R = e \dfrac{P_f}{P_d}$ 衡量,当本国物价水平增速持续高于外国而本币名义汇率 e 持续不变,虽然国际收支仍然保持了平衡,但我们仍称本币发生了高估性质的扭曲。（　）

6. 人民币对美元的即期汇率为 RMB6.20/USD1,远期汇率为 RMB6.30/USD1,这表示人民币远期升水为 RMB0.1元（6.30－6.20=0.10）。（　）

7. 根据资产组合模型,央行在外汇市场上对本币汇率进行干预

时,无论是否进行冲销,都有效。 （　　）

8. 其他条件不变,本币币值贬值(低估)有利于吸引生产要素投入生产过程,而本币币值升值(高估)有利于提高单位生产要素的产出。 （　　）

9. 国际收支调节的货币论的基本公式是 $R = M_d - D$,其中 $M_d = R_d f(y, i)$,当购买力平价成立时,$P_d = eP_f$,因此若本币升值,P_d 也会上升,从而 M_d 也会上升,R 上升,国际收支改善。 （　　）

10. 根据最优货币区理论,彼此间要素充分流动的国家,其货币彼此间应保持浮动以隔绝要素流动带来的冲击。 （　　）

11. 石油美元是指国际货币基金组织向非产油发展中国家提供的购买石油的专项贷款。 （　　）

12. 固定汇率制下和浮动汇率制下 dd 通货膨胀传导的不对称性,前者以价格刚性为机制而形成,后者以货币政策独立性差异为机制而形成。 （　　）

二、不定项选择题（少选多选均不得分。每题2分,13题,共26分）

1. 关于资本外逃,下列说法正确的是：（　　）

A. 资本外逃可以通过低报进口高报出口来进行。

B. 本币币值的低估会引发资本外逃。

C. 恐惧会引发资本外逃。

D. BOP 表中的错误和遗漏账户贷方,能部分反映资本外逃的规模。

2. 汇率决定的超调模型认为,货币供给量的一次性增加,会导致（　　）

A. 本国物价水平同比例一次性增加,从而刺激生产,带来经济增长。

B. 本国汇率水平同比例一次性下降（贬值）,从而刺激出口,带来经济增长。

C. 本国利率水平同比例一次性下降,从而刺激投资,带来经济增长。

D. 经济增长会导致物价水平下降,进而导致本币汇率贬值,从而形成汇率的超调。

3. 汇率决定的国际收支说和汇率决定的弹性价格货币分析法认为:其他条件不变,本国利率上升会导致(　　)

A. 两者都认为本币会贬值。

B. 前者认为本币会贬值,后者认为本币会升值。

C. 前者认为本币会升值,后者认为本币会贬值。

D. 两者都认为本币会升值。

4. 过去35年中,长期影响人民币汇率水平的重要因素是:(　　)

A. 出口换汇成本

B. 进口换汇成本

C. 就业

D. 中美两国间的利率水平

5. 欧元区成立时曾规定:各成员国加入欧元区的标准是(　　)

A. 通胀率不超过三个通胀率最低的欧元区国家平均水平1.5个百分点。

B. 每年的财政赤字不超过GDP的3%。

C. 国债余额不超过GDP的80%。

D. 加入前两年内,其货币对欧元的汇率保持稳定。

6. 一国在IMF的份额数额,可以决定该国在IMF的(　　)

A. 投票权　　　　　　　B. 借款权

C. SDR分配权　　　　　D. 汇率制度选择权

7. 斯旺模型中,下列哪些情形会使模型不成立:(　　)

A. 当IB线的斜率大于90度小于135度,EB线保持45度。

B. 当IB线的斜率大于135度小于180度,EB线保持45度。

C. 当EB线的斜率大于0度小于45度,IB线保持135度。

D. 当EB线的斜率大于45度小于90度,IB线保持135度。

8. 人民币与A国货币之间没有直接的双边报价关系,人民币换A币须经过美元,现有一家国际银行的报价是:美元买入价为

CNY6.5/USD1,美元卖出价为 CNY6.55/USD1;美元买入价为 A30.2/USD1,美元卖出价为 A32.0/USD1,用 10 000 元人民币向这家银行能换到多少 A 币(小数点省略):(   )

  A. 46 462 A 币   B. 46 107 A 币
  C. 48 855 A 币   D. 49 231 A 币

9. 有关货币替代,下列说法中正确的有:(   )

  A. 货币替代发生的原因大多是因为本币币值不稳定。

  B. 货币替代是指因恐惧、怀疑、避险而发生的资金从一国向另一国的非正常流动。

  C. 货币替代程度的估计可用国际收支统计中错误和遗漏账户的数字来测量。

  D. 本国金融体系中外币存款占本外币总存款的比重可以用来测量货币替代程度。

10. 币值长期低估会使本国产业低端化的结论(   )

  A. 是以需求/收入弹性为分析机制得出的。

  B. 假定条件之一是高端品的需求/收入弹性更大。

  C. 假定条件之二是实际收入随货币不断升值而相对下降。

  D. 假定条件之三是资源向不同行业的配置受价格水平的影响。

11. 按基于内部均衡基础上的长期均衡汇率模型,假定其他条件不变,汇率也不变,则:(   )

  A. 劳动生产效益曲线左移(下降)会使币值低估,从而有利于外延经济增长。

  B. 劳动生产效益曲线左移(下降)会使币值高估,从而有利于外延经济增长。

  C. 劳动生产效益曲线左移(下降)会使币值低估,从而不利于外延经济增长。

  D. 劳动生产效益曲线左移(下降)会使币值高估,从而不利于外延经济增长。

12. 在其他条件不变的情况下,利率对汇率变动的影响,正确的有:(   )

A. 根据利率平价,本国利率相对上升,则本国货币在未来将相对现在贬值。

B. 根据利率平价,本国利率相对上升,则本国货币在未来将相对现在升值。

C. 根据国际收支说,本国利率上升将会使本国货币贬值。

D. 根据弹性价格的货币分析法,本国利率上升将会使本国货币贬值。

13. $P-e$ 模型和尖峰模型的共同之处和区别之处是:( )

A. 两者都是基于中国国情而建立起来的,并且都可用来进行汇率的长期分析。

B. 汇率在两个模型中都是指一段时期内币值低估或高估的状态。

C. $P-e$ 模型中的外延经济增长没有涉及潜在产出的增长,而尖峰模型中的外延经济增长涉及潜在产出的增长。

D. 两个模型都涉及技术进步和劳动生产率增长对汇率的影响。

三、简答题(每题 5 分,2 题,共 10 分)

1. 三元悖论为什么是个伪命题,请用蒙代尔-弗莱明模型加以说明。

2. 请简述特别提款权的性质、特征、定值方法以及作用。

四、计算题(写出过程,共 10 分)

假设港币对美元的即期汇率是 HKD7.8/USD1,三个月后的远期汇率是 HKD8.0/USD1,三个月后的预期汇率是 HKD9.0/USD1,请问:

1. 与即期汇率相比,美元远期汇率的升水率是多少?(请用美元直接标价法列出公式并给出答案)

2. 与远期汇率相比,港币预期贬值率是多少?(请用美元直接标价法列出公式并给出答案)

3. 某基金公司拟用 800 万港币,利用远期汇率和预期汇率的差

进行投机,问:

(1) 如果预期准确,在没有杠杆交易的情况下该基金可赚多少?回报率是多少?

(2) 如果预期准确,在有杠杆交易(保证金为5%)的情况下该基金可赚多少?回报率是多少?(假定借入资金利息不计)

五、分析题(每题15分,2题,共30分)

1. 请论述在货币危机理论、货币危机(投机攻击)发生机制以及次贷危机成因的分析中利率的作用,中国可以从中得到哪些启迪。

2. 什么是港币联系汇率制?在这个制度下,如果由于中国经济疲软而可能执行持续的货币宽松政策,又由于美国初显通胀端倪而可能执行持续的货币紧缩政策,在这种情况下,请结合香港经济的实际,谈谈你对港币联系汇率制优劣以及港币未来的看法。

模拟试题十二

一、判断题（正确的打√,错误的打×。每题2分,12题,共24分）

1. 贸易条件是指进口商品单位价格指数对出口商品单位价格指数的比例,其公式为:贸易条件＝进口商品单位价格指数/出口商品单位价格指数。（   ）

2. 即期汇率和远期汇率严重不一致是导致货币投击及固定汇率制崩溃的主要原因。（   ）

3. 根据尖峰模型,基于外部平衡的均衡汇率是 $e=\dfrac{a_f}{a_d}$,与之相应的实际汇率可以写成 $R=e\dfrac{a_d}{a_f}$,当 R 上升,本国出口产品的竞争力上升。（   ）

4. A国货币对B国货币贬值,对C国货币升值,其有效汇率在数值上必定也会发生改变。（   ）

5. 根据国际收支调节的货币论,贬值后,如果货币供应量不变,国际收支逆差能够减少,但经济增长可能受到负面影响。（   ）

6. 抵补套利和非抵补套利的主要差异是前者用已知的远期汇率、而后者用带有不确定性的预期汇率来判断是否进行套利。（   ）

7. 外汇倾销,是指当本币面临贬值压力时央行在外汇市场上大量抛售外汇以稳定本币汇率的一种行为。（   ）

8. 离岸市场上的人民币汇率是观察本国外汇市场上人民币汇

率未来走势的一个有用参考指标。（　　）

9. 根据尖峰模型，基于内部均衡的均衡汇率是 $e = \dfrac{Y_内}{Y_外}$，与之相应的实际汇率也可以写成 $R = e\dfrac{Y_外}{Y_内}$，若初始期的 R_0 是均衡的，那么，报告期内 R 上升时，会产生技术进步缺口。（　　）

10. 按蒙代尔-弗莱明模型，当资本完全不流动时，固定汇率制度下进行以既维持国际收支平衡又实现收入增长为目的的内外均衡的调整时，财政政策有效，货币政策无效。（　　）

11. 按蒙代尔-弗莱明模型，当资本完全流动时，固定汇率制度下进行以既维持国际收支平衡又实现收入增长为目的的内外均衡的调整时，财政政策有效，货币政策无效。（　　）

12. 在汇率目标区制度下，汇率波动究竟会产生蜜月效应还是离婚效应，很大程度上取决于中心汇率与经济基本面的关系，同时还取决于政府干预外汇市场的能力和信誉。（　　）

二、不定项选择题（少选多选均不得分。每题2分，10题，共20分）

1. 关于经济增长方式的分类，下列说法正确的是：（　　）
   A. 外延增长反映为经济规模的扩大。
   B. 内涵增长虽然不会带来经济规模的扩大，但会提高产出/投入比。
   C. 从本国角度讲，本国单位要素产出的增加和单位要素可换得的外国资源（产品）增加都可以看作是效益的增加和内涵增长。
   D. 可以用劳动生产率上升来近似代表内涵经济的增长。

2. 对汇率进行干预可分为冲销干预和非冲销干预，（　　）
   A. 按弹性价格的货币模型，冲销干预有效，非冲销干预无效。
   B. 按弹性价格的货币模型，冲销干预有效，非冲销干预有效。
   C. 按资产组合模型，冲销干预有效，非冲销干预无效。
   D. 按资产组织模型，冲销干预有效，非冲销干预有效。

3. 货币危机和次贷危机的爆发有不少异同之处，包括：（　　）
   A. 两者都与市面上流动性太多有关。

B. 前者与本国利率太高有直接因果关系,后者与本国利率太低有直接因果关系。

C. 充足的外汇储备能延缓两者的爆发。

D. 两者都与金融杠杆的存在和过度使用有关。

4. 巴拉萨-萨缪尔森效应认为:(　　)

A. 发达国家汇率水平高估是因为发达国家制造业劳动生产率较高从而制造业和服务业工资水平都较高引起的。

B. 发达国家汇率水平较高是将贸易品价格对比决定的汇率与两国一般物价水平对比决定的购买力平价相比较而言的。

C. 它的一个重要假定是汇率由制造业商品价格对比决定,而购买力平价由全部商品价格对比决定。

D. 贸易品的价格存在一价定律。

5. 根据套补的利率平价和非套补的利率平价,其他条件不变,可能会引起资本移动的有:(　　)

A. 本国利率和外国利率的关系发生了变动。

B. 预期汇率和远期汇率的关系发生了变动。

C. 即期汇率和远期汇率的关系发生了变动。

D. 即期汇率和预期汇率的关系发生了变动。

6. International Financial Flows 的主要特点有:(　　)

A. 模糊了国际货币市场和国际资本市场的界限。

B. 紧随跨国直接投资和销售而流动。

C. 与直接生产和直接投资日益脱离。

D. 它的媒介货币中,离岸市场上的人民币也新成为一种。

7. 按教科书的分析,一国最佳国际储备数量(　　)

A. 按传统理论应由进出口和国际收支差额的状况等因素来决定。

B. 按中国国情,还应充分考虑就业的影响。

C. 能否方便地向国外借到钱也是一个要考虑的因素。

D. 汇率制度是否具有弹性也会影响到对储备的需求。

8. 按基于内部均衡基础上的长期均衡汇率模型(尖峰模型),假

定其他条件不变,汇率 e 也不变,(　　)

A. 劳动生产效益下降会使币值低估,从而不利于内涵经济增长。

B. 劳动生产效益下降会使币值高估,从而不利于内涵经济增长。

C. 劳动生产效益提高会使币值低估,从而不利于外延经济增长。

D. 劳动生产效益提高会使币值高估,从而不利于外延经济增长。

9. 货币投机发生的条件有:(　　)

A. 预期汇率与远期汇率之间有较大的差距,而经济基本面更支持远期汇率。

B. 金融市场存在可以放大资金利用量的杠杆。

C. 同业拆借市场上的短期利率水平极其低下。

D. 资金可以跨境自由流动并自由进入同业拆借市场。

10. 根据国际收支调节的货币论,其他条件不变时,减少国际收支逆差的条件有:(　　)

A. 本币贬值。

B. 本国的实际产出 y 或利率 i 上升。

C. 物价水平上升。

D. 央行提高存款准备金比率。

三、名词解释与简析(第 1 题 10 分,第 2 题 8 分,第 3 题 8 分,共 26 分)

1. 汇率变动的双缺口模型

(1) 给出明确定义。

(2) 标出图 1-a 和图 1-b 的缺口名称(填在虚线框中),并简析"双缺口"的产生原因。

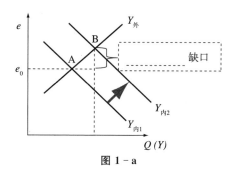

图 1 - a

简析：

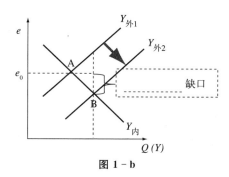

图 1 - b

简析：

（3）补全图 1 - c 和图 1 - d，简析长期汇率正确的演进方向。

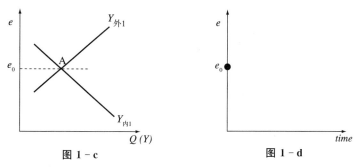

图 1 - c   图 1 - d

简析：

2. 托宾税

3. 从需求/收入弹性角度出发讨论货币供应量不变条件下一国货币持续贬值对该国产业结构的影响。

四、计算题(共 15 分)

设 B 国货币与 M 国货币之间 5 月 1 日的汇率水平为 B5.5/M1,三个月后的远期汇率水平与之相同,但投机者认为三个月后 B 币会对 M 币发生大幅度贬值。于是,投机者以自有资本金 3 300 万 B 币在远期市场上提前买入 M 币 600 万,到三个月后的 8 月 1 日,B 币果真发生预期中的贬值,投机者抛出原先购入的 600 万 M 币,换回 B 币,如预期那样获利 20%。

1. 请问投机者当初关于三个月后的 B 币预期汇率是多少?

2. 在用于攻击的自有资本金总量不变以及上述预期汇率水平不变的情况下:

(1) 投机者想获利 50%,那么 5 月 1 日发生攻击时该投机者需同时借入多少 B 币(利息不计)来追加到他的投机活动中,才能达到目标?

(2) 在这三个月中,B 币和 M 币彼此之间的升贬值率各是多少?

(3) 如果在 B 国央行的干预下,同业市场 B 币短期借款利率上升,请进行不定项选择(错选少选多选均不得分):(   )

A. 月平均短期利率上升到 5% 时,该借款投机无利可图就会停止。

B. 月平均短期利率上升到 6% 时,该借款投机无利可图就会停止。

C. 月平均短期利率上升到 7% 时,该借款投机无利可图就会停止。

D. 月平均短期利率上升到 8% 时,所有投机活动无利可图就会停止。

五、分析题（共 15 分）

哪些因素会影响汇率，请分析理由。你认为在中国国情条件下，人民币均衡汇率的基准应该是什么？人民币在可预见的未来，应当保持适当低估还是高估，为什么？

模拟试题十三

一、判断题(正确的打√,错误的打×。每题2分,9题,共18分)

1. 人民币加入 SDR 定值篮子后,SDR 的价值由包括人民币在内的美国、英国、德国、法国等国家货币的某种加权平均决定。
( )

2. 当本币预期汇率低于本币远期汇率时,说明按预期本币未来将相对远期汇率贬值,这时,为了获取利润,可以提前在远期市场上卖出外币以谋取投机收益。
( )

3. 无论马歇尔-勒纳条件中的弹性如何,在单位产品劳动成本不变的条件下,贬值只要能增加出口的本币收入,都能改善就业,尽管不一定能改善国际收支。
( )

4. 汇率决定的资产组合分析法中,e 为直接标价下的外币汇率,i 为本国利率,若供给不变,表示供需维持平衡的货币市场平衡线 MM、本币资产市场平衡线 BB、外币资产市场平衡线 FF 的斜率,可以用下面的公式来确定(a、b、c 均为系数,$a_j > 0$,$b_j > 0$,$c_j > 0$,$j = 1, 2$):
( )

MM 需求 $= a_1 e - a_2 i$

BB 需求 $= b_1 e + b_2 i$

FF 需求 $= -c_1 e - c_2 i$

5. 托宾税就是对外商投资收益汇回母国时征税。( )

6. 巴拉萨效应认为市场汇率由全部贸易品价格的对比决定,而本教材改进后认为只有存在一价定律的有形的、可自由移动自由交

换的贸易品价格对比才能决定汇率。　　　　　　　　　（　　）

7. 根据汇率决定的尖峰模型,不考虑外部平衡的要求,为了获得可持续的增长,汇率可能会以"之"字形的形态向前发展。（　　）

8. 央行的外汇市场冲销式干预,按弹性价格的货币模型有效,按资产组合分析法无效。　　　　　　　　　　　　　（　　）

9. 贬值引起总需求增加的条件除了吸收倾向小等等之外,还必须有货币供应量随贬值增加这一条。　　　　　　　　（　　）

二、名词解释与计算简析题（第1题6分,第2题10分,共16分）

1. 汇率变动的棘轮效应有不同的概念:

第一种是指_____
_____
_____
_____
_____；

第二种是指_____
_____
_____
_____
_____；

第三种是指_____
_____
_____
_____
_____。

2. 计算和简析

A国在某年的对外交易如下:

① A国甲企业获得本国商业银行技术改造贷款1 000万元,然后用该1 000万元按1∶5的汇率,向A国中央银行兑换,得到200万美元,用于进口一套新的生产设备;

② A国乙企业以设备形式向B国投资1 000万美元,用于建立一个合资企业;

③ A国居民向本国中央银行兑换得50万美元,用于在C国的旅游支出。

(1) 将上述三笔交易按复式记账原理做出会计分录(要求详细到给定科目)。(3分)

(2) 根据会计分录,将相关数字填入下表,做出A国的国际收支平衡表,差额项前用"＋"表示顺差,用"－"表示逆差。(3分)

	借	贷	差额
货物			
服务			
收益			
经常转移			
经常账户小计			
直接投资			
储备资产			
资本与金融账户小计			
总计			

(3) A国经常账户差额为_____万美元(顺差用"＋"表示,逆差用"－"号表示)。按汇率决定的国际借贷说,如果不考虑资本账户,A国经常账户差额会使该国货币升值_____贬值_____还是不变_____?(请作出相应的选择,正确打√,错误打×)。(2分)

(4) A国该年发生自主性交易的借方金额为_____,贷方金额为_____,差额为_____(顺差用"＋"表示,逆差用"－"表示)。(2分)

三、不定项选择题（少选多选均不得分，每题 2 分，8 题，共 16 分）

1. 蒙代尔-弗莱明模型中，当资本完全不流动时，国际收支平衡线 BP 的移动（   ）

    A. 只受产出影响，不受利率影响。

    B. 不受产出影响，只受利率影响。

    C. 既受产出影响，又受利率影响。

    D. 既不受产出影响，又不受利率影响。

2. 巴拉萨效应认为发展中国家货币币值水平低估是（   ）

    A. 相对其国际收支不平衡而言的低估。

    B. 相对其与发达国家之间购买力平价对比而言的低估。

    C. 相对其与发达国家之间贸易品价格对比而言的低估。

    D. 相对其与发达国家之间劳动生产率对比而言的低估。

3. 关于人民币相关问题，下列表示正确的有：（   ）

    A. 人民币尚未实现资本项下的完全自由兑换，故中国尚不属"第 8 条款国"。

    B. 进口换汇成本曾长期作为人民币汇率决定的重要参考。

    C. 中国央行干预人民币汇率，是造成中国巨额外汇储备的重要原因。

    D. 中国经历了从外汇短缺到外汇相对富裕这两个发展阶段。

4. 斯旺模型中，当外部平衡线 EB 的斜率为 45 度而内部均衡线 IB 的斜率为 135 度时，用国内支出政策来对付内部失衡，用汇率政策来对付外部失衡，分别对内、外失衡进行调节，则（   ）

    A. 失衡点的轨迹会向原点切近，模型成立。

    B. 失衡点的轨迹不会向原点切近，模型不成立。

    C. 只有当 EB 线和 IB 线中的一根线或两根线斜率变大时，模型才成立。

    D. 只有当 EB 线和 IB 线中的一根线或两根线斜率变小时，模型才成立。

5. 布雷顿森林体系后，美元之所以能持续广泛地发挥国际货币作用，是因为：（   ）

A. 美元的价值曾得到美国黄金的保证。

B. 美元的价值通过美国国债得到美国政府的保证。

C. 美元在特别提款权价值构成中具有最重要的作用。

D. 美国在国际货币基金组织拥有独家否决权。

6. 关于内部均衡和外部平衡的中长期调节理论，按 $P-e$ 模型和尖峰模型，下列说法正确的是：（　　）

A. 在中期和长期分析中，总供给虽然都是可变的，但各自的驱动不同。

B. 从中期模型我们可以发现，一国货币的贬值往往伴随其国内的物价上涨。

C. 技术进步缺口和要素规模缺口是通过国际收支自动调节机制得到纠正的。

D. "双缺口"模型是汇率与长期内部均衡之间相互关系的一种认识。

7. 当本国货币当局在外汇市场上买入外汇，卖出本币，且未在本国债券市场上对其进行冲销时，根据资产组合分析法，下列说法正确的有：（　　）

A. 本国货币贬值。

B. 本国利率下降。

C. 其对利率和汇率造成的变化方向与进行冲销干预时一致。

D. 为购入外币而投放的本币成为"外汇占款"。

8. 关于汇率计算，下列说法正确的是：（　　）

A. A 货币对 B 货币贬值 10%，并不相当于 B 货币对 A 货币也升值 10%。

B. A 货币对 B 货币先升值 10%，再贬值 10%，并不等于回到最初的汇率水平。

C. 在中国，向银行兑换外币时我们以"银行卖出价"买入外币，以"银行买入价"卖出外币。

D. 以价格水平对比表示的本国货币实际汇率 $R = e \dfrac{P_f}{P_d}$，其中 e

为直接标价法的外币汇率。若实际汇率 R 的数值下降,表示本国商品的价格竞争力上升。

四、计算和分析(50分)

报告期初人民币汇率 $e_0 = \text{CNY}6/\text{USD}1$,$e_0$ 为均衡汇率,到报告期末 e_0 始终未变,但报告期内本国物价 P_d 上升了 2%,外国物价 P_f 上升了 3%;本国单位劳动成本(工资)的产出 a_d 上升了 5%,外国单位劳动成本(工资)的产出 a_f 上升了 2%;本国外延经济 $Y_{外}$ 增长了 3%,本国内涵经济 $Y_{内}$ 增长了 5%。(请将所有答案写在答题区。)

(1)列出公式,分别以中外物价对比、劳动生产率对比以及外延内涵经济增长对比为标杆计算报告期末实际汇率的值、变动方向和新的均衡汇率水平。(精确到小数点后两位,请用 e_P、e_a、e_Y 分别表示上述相应的新的均衡汇率,以 R_P、R_a、R_Y 分别表示上述相应的实际汇率,各指标指数期初值均设为 100。)

(2)三种标杆下,新的均衡汇率和初始均衡汇率相比,人民币的升贬值率分别是多少?(列出美元直接标价法下的公式。)

(3)根据课堂学到的知识,就均衡汇率发表一些你个人的独到看法。

(4)为了达到上述新的均衡汇率,下表列出了六种政策手段,请根据实现不同标杆下新的均衡汇率的直接有效性在后面答题区做出选择,直接有效的打√,非直接有效或者无效的打×,不能留空。

目标＼手段	财政扩张	财政紧缩	货币扩张	货币紧缩	本币升值	本币贬值
e_P						
e_a						
e_Y						

(5) 为实现不同标杆条件下新的均衡汇率,假定实现一个目标只使用一个政策手段,根据政策搭配的相关原则,在上表中对应一个目标作出一项政策选择,选中的画圈,并简要说明你选择的政策组合的理由(多选扣分)。

答题区:

(1) 实际汇率的计算,选择变动方向,对的打√,错的打×。

	列出公式	计算过程与结果	选择变动方向
标杆一:物价对比 R_p			上升(　　) 下降(　　)
标杆二:劳动生产率对比 R_a			上升(　　) 下降(　　)
标杆三:增长方式对比 R_Y			上升(　　) 下降(　　)

新的均衡汇率计算:

	列出公式	计算过程与结果
标杆一:物价对比 e_p		
标杆二:劳动生产率对比 e_a		
标杆三:增长方式对比 e_Y		

(2) 升贬值率计算:

	列出公式	计算过程与结果
e_p 的升贬值率		
e_a 的升贬值率		
e_Y 的升贬值率		

(3) 根据课堂学到的知识,就均衡汇率发表一些个人的独到看法如下:
_____
_____
_____。

(4) 直接有效的打√,非直接有效或者无效的打×,不能留空:

目标＼手段	财政扩张	财政紧缩	货币扩张	货币紧缩	本币升值	本币贬值
e_P						
e_a						
e_Y						

(5) 在上表中对应一个目标作出一项政策选择,选中的画圈;简要说明你选择的政策组合的理由。
_____
_____
_____。

第五部分　习　题　答　案

第一章 导　　论

简　答　题

1. 国际金融学的研究对象和核心研究变量是什么？

答：国际金融学是从货币角度研究内部均衡条件下外部平衡实现问题的一门学科。内部均衡，从短期来讲，是指一定条件下总需求与总供给的平衡；从长期来讲，是指外延经济增长和内涵经济增长的平衡。外部平衡是指国际收支平衡。国际收支是一国对外经济交往的结果，对外交往都要以货币为媒介，这就涉及本国货币与外国货币的折算比价。比价的高低又会影响对外交往的规模和对外（国际）收支的差额，形成国际收支的平衡或不平衡。因此，国际收支是国际金融学研究的一个主要（目标）变量；与此同时，两国货币之间的折算比价即汇率，则是国际金融学研究的另一个核心（政策）变量。

2. 从经济规模、增长方式、资源、人口等角度简单讨论我国的基本国情，并说明，在国际金融学的研究中，这些国情需要如何被照应到？

答：（1）我国的基本国情包括：

① 中国的经济总量已具有世界影响。到2017年，按国内生产总值（GDP）衡量，中国经济的总规模超过82.7万亿元人民币，按当年年底人民币对美元的汇率计，约合12.7万亿美元，中国经济总规模跃居全球第二位，中国经济的运行状况和宏观调控政策对世界经

济已经具有举足轻重的影响。

② 中国仍然是一个发展中国家。中国的人均 GDP 在全球,乃至在新兴市场国家中也还排在较后的位置。

③ 中国的自然资源状况紧张。中国正处于工业化和城镇化快速发展阶段,对资源需求较高。同时,中国多项重要资源面临短缺,并且人均资源量远低于世界平均水平,导致未来中国的资源供需形势十分严峻。

④ 中国人口众多。中国是世界上人口最多的国家。中国每年会有大量适龄人口进入劳动力市场,需要经济以较高速度增长才能充分吸收劳动力就业;劳动力就业要求资本和其他生产要素的配套,从而增加了对现有资本、经济资源和自然资源的消耗;庞大的人口基数使居民的福利水平在经济增长的背景下仍难大幅度提高。

⑤ 中国经济增长的主要途径是生产要素投入的增加。从经济发展的质量和代价看,中国单位产出的能源、资源消耗大,劳动力投入多,从而反映出产业结构、生产工艺和生产技术进步的必要性和迫切性。

⑥ 中国的经济发展在很大程度上依赖于对外经济交流。出口部门不但直接创造了大量国民收入,而且还带动了一批为出口服务的上下游企业发展。改革开放以来,中国经济的增长和就业水平的提高越来越依赖世界市场。

(2) 在国际金融学研究中,我国的特殊国情意味着,我们的研究需要以经济的增长和发展为前提,并特别注意以下几点:

① 对于发展中的中国而言,内部均衡下的外部平衡应当是经济增长条件下的目标,即国内总供给和总需求相等必须伴随着供给和需求水平的同步提高,国际收支的平衡或可持续必须以国内经济增长为前提,维持外部平衡不能以牺牲经济增长为代价。

② 我国是人均自然资源占有不足的国家,在对外经济交往中,应当注意本国资源的节约和外国资源的利用;在维持外部平衡时,应当注意进出口产品的结构,采用产业政策、汇率政策等手段引导国内资源的节约。

③ 我国适龄劳动力丰富并且在未来若干年内仍将增长,劳动力的充分就业既是要素充分利用的要求,也是社会稳定和福利水平提高的要求。由于大量劳动力在涉外经济领域工作,对内部均衡和外部平衡的调整需要考虑到就业水平的维持。

④ 从长远来看,中国的经济发展应由数量扩张向质量提高转变。现阶段对内部均衡和外部平衡的追求,应当对经济增长方式的转变有所考虑,追求内外均衡同时实现的目标时,要考虑到生产方式的进步、产业结构的改善和效率的提高。

⑤ 中国经济规模对世界有举足轻重的影响,而中国经济的发展也日益离不开世界市场。因此,任何经济政策的出台,不仅要考虑国内的需要,也要考虑互利共赢以维护和珍惜一个有利于我国的世界市场环境的需要。

第二章　国际收支和国际收支平衡表

一、判 断 题

1. √。
2. ×。根据复式记账法，国际收支平衡表的余额恒为零。
3. √。
4. ×。根据复式记账法原理，凡资产增加、负债减少的项目应记入借方；反之，则记入贷方。
5. √。
6. ×。按国际货币基金组织的规定，对外长期投资的利润汇回，属于经常账户中的收入项目。
7. ×。资本与金融账户中的储备账户主要发生补偿性交易。譬如，自主性交易形成的经常账户盈余，就会引起储备账户金额上升。
8. ×。根据国际收支的弹性论，本国货币贬值是否引起国际收支的改善，要取决于本国进出口商品的供给、需求弹性是否满足特定的条件，不能一概而论。
9. ×。弹性论采用的是局部均衡分析方法。更具体地说，弹性论仅仅研究了汇率变动对贸易收支的影响，没有考虑贸易收支变动带来国民收入变动后国内吸收的进一步变动。

第二章 国际收支和国际收支平衡表   141

10. ×。根据国际收支吸收论,本国国民收入上升导致本国国际收支恶化是有条件的,条件是边际吸收倾向大于1,从而,国民收入增加,国内吸收才会增加得更快,带来国际收支恶化。

二、不定项选择题

1. BD 2. ABD 3. D 4. A 5. ABC

6. A(说明:这是通过融资型政策解决国际收支逆差的结果,通过增加短期借贷或动用外汇储备,能够为国际收支的逆差融资)

7. ACD 8. D 9. B 10. B 11. CD 12. D

13. B(说明:弹性分析法是以微观经济学为基础的,货币分析法具有货币主义色彩,结构分析法则包含了经济发展水平、供给结构等发展经济学因素,主要用来解释发展中国家的国际收支问题)

三、简 答 题

1. 国际收支平衡表的编制原则是什么?收支平衡表的一级账户间有什么关系?

答:国际收支平衡表的编制原则是复式记账法,即每笔交易都是由两笔数值相等、方向相反的账目表示。复式记账法运用在国际收支平衡表时,主要包括以下三个要点:

第一,任何一笔交易发生,必然涉及借方和贷方两个方面,有借必有贷,借贷必相等。

第二,借方记录的是资金的使用(譬如,用于进口外国商品,或购买外国金融资产),贷方记录的是资金的来源(譬如,通过出口本国商品而获得资金,或从外国获得收入,或出售外国金融资产)。各种具体的交易按上述原则被归结和记录到相应的各个科目里。

第三,将各个科目的记录汇总后,正余额意味着该科目的顺差

（或盈余），负余额意味着该科目的逆差（或赤字）。

国际收支平衡表可以分为经常账户、资本和金融账户，以及错误和遗漏账户这三个一级账户。经常账户与资本和金融账户的余额可以相互抵销，这两类账户余额之间不能抵销的部分，会被归结到错误和遗漏账户中，即"经常账户余额＋资本和金融账户余额＋错误和遗漏账户余额＝0"。

2. 简述几个重要的国际收支差额口径之间的关系。国际储备变动和国际收支差额之间有何联系？

答： 贸易收支差额、经常项目收支差额、基本账户差额、综合账户差额是几个比较重要的国际收支差额口径，此外，反映外汇供求关系的外汇收支差额也较为重要。

贸易收支差额是国际贸易活动中有形商品（货物）和服务进口和出口的差额，这是最传统的国际收支差额口径，反映的是国内实体经济的供需状况。

经常项目收支差额包括有形货物收支、无形货物收支（即服务收支）、初次收入收支和二次收入收支，其主体是前两者。也就是说，经常项目收支差额，是在贸易收支差额的基础上加上了初次收入收支差额及二次收入收支差额。

基本账户差额是经常账户差额加上长期资本账户差额后的余额。

综合账户差额是经常账户差额加上与资本和金融账户中的资本转移、直接投资、证券投资、金融衍生工具、其他投资账户差额后所构成的余额，它可以理解为基本账户差额加上短期资本流动差额后的余额。

观察国际收支平衡表账户可知，在不存在错误和遗漏的情况下，综合账户差额相当于是将国际收支账户中的官方储备账户剔除后的余额。也就是说，在国际收支平衡表余额恒为零的记账原则下，综合账户差额一般会导致官方储备的反方向变动，所以，综合账户差额可以用来综合衡量国际收支对一国储备造成的压力。

外汇收支差额。在一国所有对外交往中,有些交易涉及货币的支付,有些则不涉及货币支付而仅仅是以货币记账。涉及货币支付的交易意味着外汇的实际收入和支出,由此产生外汇收支这一概念。外汇的收与支构成外汇市场上的供与求,其差额直接影响官方外汇储备的变动和市场汇率。

3. 请简述国际收支不平衡的几种类型及其原因。

答:国际收支不平衡主要包括以下几类:

(1)临时性不平衡,是指短期的、由非确定或偶然因素引起的国际收支失衡。

(2)结构性不平衡,是指国内经济、产业结构不能适应世界市场的变化而发生的国际收支失衡。它既包括因经济结构老化、产品落后所引起的国际收支失衡,又包括经济结构单一,无法适应经济发展或外来冲击而造成的失衡。

(3)货币性不平衡,是指一定汇率水平下国内货币成本与一般物价上升,引起出口货物价格相对高昂、进口货物价格相对便宜,从而导致的国际收支失衡。

(4)周期性不平衡,是指一国经济周期波动,国内需求和国内供给之间产生差距,从而引起的国际收支失衡。

(5)收入性不平衡,是指一国国民收入相对快速增长而导致进口需求的增长超过出口增长所引起的国际收支失衡。而国民收入相对快速增长的原因则多种多样,可以是周期性的、货币性的,或经济处在高速增长阶段所引起的。

(6)预期性不平衡,是指未来预期因素所造成的国际收支不平衡。具体而言,预期因素从实物流量和金融流量两方面对国际收支产生重要影响。从实物角度而言,当预期一国经济将快速增长时,本国居民和外国投资者都会增加在本国的实物投资,当本国的资本品供给不能满足需求时,投资就通过进口资本品来实现,出现资本品进口的增加和经常账户的逆差。从金融角度而言,一方面,经常账户的逆差要由资本和金融账户的顺差来融资;另一方面,在资金自由流动的情况下,对本国经济增长和证券价格上升的预期会吸引国外资金直接投资于本国的证券市场,带来资本和金融账户的顺差。

4. 在固定汇率制和浮动汇率制下,国际收支自动调节的"货币—价格"机制各自是如何发挥作用的?在什么情况下这一机制会失效?

答:以国际收支发生逆差为例(顺差情况正好相反)。国际收支逆差意味着本国对外支付大于收入,从而对外汇的需求大于外汇的供给。对此有两种可能的结果:一种是外汇数量调整,即保持汇率不变,通过本币外流换得外汇;另一种是外汇价格调整,即允许汇率浮动,通过本币贬值减少外汇需求。

在固定汇率制下,为了维护固定汇率,市场自发的调整结果是本国货币外流。由货币数量论可知,本国货币外流,本国国内流通的货币减少,在其他条件不变的情况下,会使本国物价水平下降,由此导致本国出口商品相对便宜、进口商品相对昂贵,出口相对增加、进口相对减少,以贸易差额为代表的国际收支得到改善。

在浮动汇率制下,本币将会贬值,在本国出口商品本币价格和进口商品外币价格不变的情况下,也能够导致本国出口商品相对便宜、进口商品相对昂贵,出口相对增加、进口相对减少,以贸易差额为代表的国际收支得到改善(需要指出的是,在浮动汇率制下,通过本币外流进行的收支自动调节依然可能存在)。

在信用货币时代,本国货币的发行不再需要准备,货币当局可以通过扩大货币发行来弥补货币的外流,从而,固定汇率制下的货币—价格机制就会失效。当本国货币当局采取稳定汇率的政策时,浮动汇率制下的货币—价格机制也就会自然失效。

5. 简要推导马歇尔-勒纳条件,并说明其经济含义。

答:定义 X 为出口商品数量,M 为进口商品数量,E_M 为进口需求弹性,E_X 为出口需求弹性(弹性均为绝对值),P 为本币计的出口商品价格,P^* 为外币计的进口商品价格,e 为直接标价法的汇率。

定义实际汇率 q，用来表示进出口商品的相对价格，有

$$q = \frac{eP^*}{P} \tag{2.1}$$

当 q 上升，意味着本国货币实际贬值，本国商品更加便宜；反之，本国货币实际升值，本国商品更加昂贵。本国进出口贸易实际余额为

$$T = PX - eP^*M \tag{2.2}$$

如果假设进出口的供给弹性为无穷大，即本国货币贬值后，本国出口商品的本币价格，以及进口商品的外国价格均不变，那么不妨将本国出口商品的价格一般化为 1，这样就有

$$T = X - qM \tag{2.3}$$

假设贬值之前，贸易余额为零，则有

$$X = qM \tag{2.4}$$

对式(2.3)关于 q 求导，得

$$\frac{dT}{dq} = \frac{dX}{dq} - q\frac{dM}{dq} - M \tag{2.5}$$

将式(2.4)代入式(2.5)，得

$$\frac{dT}{dq} = \frac{X}{q}\left(\frac{dX}{dq}\cdot\frac{q}{X} - \frac{dM}{dq}\cdot\frac{q}{M} - 1\right)$$

$$= \frac{X}{q}(E_X + E_M - 1) \tag{2.6}$$

式(2.6)表明，当 $E_X + E_M > 1$ 时，有 $\frac{dT}{dq} > 0$，这就是马歇尔-勒纳条件。即本币贬值可以改善贸易余额的条件，是进出口的需求弹性之和大于 1。

6. 当本国发生结构性的国际收支不平衡（逆差）时，是否可以只使用汇率政策对此进行调整？为什么？

答：虽然汇率手段是国际收支不平衡调节的核心手段，但不宜使用单一的汇率政策手段纠正结构性的国际收支不平衡。

结构性不平衡，是指国内经济、产业结构不能适应世界市场的变化而发生的国际收支失衡。它既包括因经济结构老化、产品落后所引起的国际收支失衡，又包括经济结构单一，无法适应经济发展或外来冲击而造成的失衡。发生结构性收支失衡的国家，其出口产品多为需求弹性较低的初级产品，即使将本币贬值，也无法有效地扩大出口数量，甚至可能反而进一步恶化贸易收支。而且，这些国家往往需要进口设备来提升和改造生产结构，货币贬值会提高它们的进口成本，使生产技术和结构的提高遇到困难。

因此，结构性失衡，在长期主要应当通过提高本国供给水平和质量，实施产业和科技政策来解决；在短期内可以把汇率手段、融资手段结合使用，在某些情况下，还可以通过一段时间内汇率的主动高估来降低进口成本，加快产业升级。

四、论述题

1. 国际收支自动调节的机制有哪几种？国际收支自动调节有什么代价？

答：国际收支不平衡的自动调节是指，当国际收支不平衡发生时国内经济变量自发变动对国际收支的反作用过程，它主要包括货币—价格机制、收入机制和利率机制。

货币—价格机制是指：当国际收支不平衡发生时，本国的对外支付和收入存在差距，从而货币市场（外汇市场）的供给和需求存在差异。外汇市场会对供需进行自发调节，在固定汇率制下导致本国货币流出或流入，在浮动汇率制下导致本国货币贬值或升值，这两种调节最后都会导致本国出口商品和进口商品价格发生有利于国际收支平衡的变动。

收入机制是指：国际收支不平衡发生时，对外支付的增加或减少导致国民收入水平下降或上升，进而导致社会总需求和进口需求向有利于国际收支平衡的方向变动。

利率机制是指：国际收支不平衡发生时，本国货币流出或流入导致本国货币存量变化，并进一步导致本国利率变化，从而，通过国际资金流动、资本和金融账户与经常账户之间发生有利于国际收支平衡的相互融资。

国际收支的自动调节能够在政府不干预的情况下，通过市场的力量使国际收支向平衡运动。但是，这种自动调节以国际收支平衡为唯一目的，并不一定能够实现经济增长、充分就业、物价稳定等宏观经济目标，甚至可能以一国的内部均衡为代价来实现外部平衡。在国际收支逆差时，国际收支的自动调节往往以紧缩国内经济为代价，这会造成国内的就业、产出下降；在国际收支顺差时，国际收支的自动调节又可能会带来通货膨胀、经济过热等现象。而且，国际收支的自动调节主要是需求方面的调节，无法解决结构、供给因素造成的长期国际收支失衡，反而可能会使现有的落后经济结构更加巩固。因此，国际收支的自动调节需要与政府的主动调节结合起来，在利用自动调节机制的同时，控制和降低自动调节的代价。

2. 除了马歇尔-勒纳条件，贬值改善国际收支还需要什么条件？从吸收论和货币论的角度谈一谈你的看法。

答：马歇尔-勒纳条件是国际收支的弹性论所提出的，是贬值改善国际收支的必要条件。弹性论对国际收支的研究属于局部均衡分析，它仅仅从需求角度研究本币贬值（相对价格变动）在什么条件下能带来贸易收支的改善，其基本结论，即马歇尔-勒纳条件，并不是贬值改善国际收支的充分条件。

首先，马歇尔-勒纳条件只考虑了汇率变动所带来的需求变动，没有考虑供给可能性。只有社会上存在闲置资源，且本币贬值后闲置资源流入出口品生产部门时，贬值所增加的净出口需求才能够得到实现,净出口才会增加。

吸收论着重考察总收入与总支出对国际收支的影响,认为国际收支差额取决于国民收入(Y)与国内吸收($C+I+G$,可以用 A 表示)的大小对比。当国民收入大于国内吸收时,国际收支顺差;反之,国际收支逆差。

就本币贬值对国际收支的影响而言,弹性论和吸收论阐述的是一个问题的不同层次和阶段:第一步,当马歇尔-勒纳条件成立时,在闲置资源存在的情况下,贬值可以通过增加净出口改善贸易收支;第二步,贸易收支改善会引起国民收入增加,只有当边际吸收倾向(即每增加 1 单位收入时国内吸收增加的数量)小于 1,即吸收的增长(ΔA)小于收入的增长(ΔY)时,新增的国民收入才不会被吸收的增加所抵消,贬值才会最终改善国际收支。可以这样说,弹性论是吸收论中国民收入变动的微观基础,吸收论则进一步指出了弹性论实际发挥作用的条件。

货币论则从货币角度对国际收支有着另一种认识,它将国际收支视作居民调节实际货币余额的手段。在货币论框架下,货币贬值改变国际收支的关键在于贬值改变了名义货币需求。假定一价定律成立,货币需求可以写成

$$M^d = eP_f f(y, i) \qquad (2.7)$$

上式中,M^d 为名义货币需求,e 为本币衡量的外币价格(直接标价法),P_f 为国外的价格水平,$f(y, i)$ 为根据本国国民收入和利率决定的实际货币需求。当本国货币贬值时,e 值上升,由此引起国内价格 $P_d = eP_f$ 上升,则 M^d 相应地上升。根据货币论的基本公式

$$M^d = R + D \qquad (2.8)$$

在货币需求增加而来自国内的基础货币 D 不变的情况下,本国居民为了维持实际货币余额,不得不减少对国内产品的消费,通过增加来自国外的基础货币 R 来增持货币,这样,国内产品外流、外汇内流,国际储备增加,从而居民的货币需求得到满足,同时国际收支

改善。

根据货币论,如果要通过贬值改善国际收支,则在本币贬值的同时,国内的基础货币供应(D)不能增加。因为 $\Delta R = \Delta M^d - \Delta D$,若 D 与 M^d 同时增加,并且 D 的增加等于 M^d 的增加,则贬值不能改善国际收支;若 D 的增加大于 M^d 的增加,贬值还会恶化国际收支。

(请读者在此题之外,再对国际收支调节的弹性论、吸收论、货币论做认真复习)

3. 请讨论国际收支平衡表中错误和遗漏账户余额的可能来源。

答:国际收支平衡表采用复式记账法,实际经济活动所涉及的科目都包括在经常账户与资本和金融账户内,因此,在理论上,经常账户与资本和金融账户的差额应当正好抵销。但实际编制中,把所有的账目加总之后,不可避免地会出现净借方或贷方余额。因此,国际收支平衡表中人为设立了一个平衡项目,即错误和遗漏账户,用来记载经常账户与资本和金融账户的差额。错误和遗漏账户的正余额,意味着国际收支活动中记载的资金净流入小于国际储备的增加;反之,则意味着国际收支活动中记载的资金净流入大于国际储备的增加。

错误和遗漏账户余额的可能来源可以分为两类:一类是技术性的,一类是实质性的。

(1)技术性的来源主要包括:

① 统计数据来源、口径的不同。国际经济活动的统计由多个部门完成,各部门的统计口径、记录原则可能存在差异,将这些数据汇总在国际收支平衡表中会形成误差与遗漏。

② 交易统计时间、计价标准和货币换算的误差。由于国际经济交流不是瞬时完成的,但记账只能选取某个时间点的价格进行记录,所以就会出现计价标准、货币汇率的变动。譬如,某年1月份,向日本出口商品时,按照权责发生制记录了一笔日元收入,外贸部门在统计这笔交易时,将交易金额按1月份平均汇率折算成记账本位币(美元),记录为经常账户的出口。但到了4月份时,日元货款到账,向银

行兑换时,银行部门却按 4 月份汇率折算成记账本位币(美元),记录为本国国际储备的增加。在此过程中,如果美元兑日元的汇率发生变动,经常账户与资本和金融账户的记录就会不一致,产生错误和遗漏。

③ 某些交易难以全面记录。譬如,国外居民赠给国内居民的财产,如果通过银行转账渠道,应当出现经常转移的记录。但是,当这种活动以归国亲友直接赠送小数额现金的形式进行时,国内就只能记录到居民外币存款的变化,而无法记录其来源,从而出现了资本和金融账户的净流入,只能用错误和遗漏账户加以平衡。

(2) 实质性的来源主要包括:

① 统计数据的真实和准确存在一定问题。例如,为了骗取退税,进出口企业可能会高报出口价格,造成数据的不真实。

② 存在正常渠道之外的隐性资本流动,包括资本外逃和"热钱"的流入。这些隐性资本流动往往通过进出口数据的高报、低报、申报没有实际投资的资金项目等方式进行,对其清查往往涉及较高的成本以及国际合作,而我国在国外投资的统计基础比较薄弱,难以清查。我国国际收支核算中的错误和遗漏项目经常表现为逆差(借方数字大于贷方数字),这在某种程度上反映了我国资本外逃活动较为严重。

4. 推导汇率变动时,进出口的供给、需求弹性与贸易条件的关系。

答:贸易条件所比较的是市场出清时的商品价格,当汇率变动时,一方面会直接影响进口商品的本币价格和出口商品的外币价格;另一方面,还会因为市场出清条件而影响进口商品的外币价格和出口商品的本币价格。这两方面的影响共同决定了贸易条件的变动。

以本币贬值引起的出口商品本币价格变动为例,用以下图形对此进行分析:

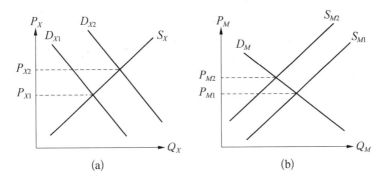

图(a)中,纵坐标为出口商品的本币价格 P_X,横坐标为出口商品数量 Q_X,S_X 为出口商品的供给曲线,D_{X1} 为本币汇率变动前的出口商品需求曲线。当本币贬值时,同一个本币价格所对应的外币价格下降,从而同一个本币价格下,对出口产品的需求上升,需求曲线从 D_{X1} 右移到了 D_{X2}。市场出清条件下的出口商品本币价格从 P_{X1} 上升到了 P_{X2}。

图(b)中,纵坐标为进口商品的本币价格 P_M,横坐标为进口商品数量 Q_M,D_M 为进口商品的需求曲线,S_{M1} 为本币汇率变动前的进口商品供给曲线。当本币贬值时,同一个本币价格所对应的外币价格下降,从而同一个本币价格下,进口产品的供给下降,供给曲线从 S_{M1} 左移到了 S_{M2}。市场出清条件下的进口商品本币价格从 P_{M1} 上升到了 P_{M2}。

贸易条件是出口商品和进口商品价格之比。如上所述,当本币贬值时,出口商品和进口商品的本币价格都有所上升,所以贸易条件的变动不能一概而论,它与供给曲线和需求曲线的相对位置和倾斜程度有关。也就是说,与供给和需求的弹性有关。对此进一步的分析需要引入一定的数学推导。

所涉变量定义如下:

X 为出口商品数量,M 为进口商品数量。

E_M 为进口需求弹性,E_X 为出口需求弹性,S_M 为进口供给弹性,S_X 为出口供给弹性(弹性均为绝对值)。

P_X 为本币计的出口价格,P_M 为本币计的进口价格,P_X^* 为外币计的出口价格,P_M^* 为外币计的进口价格。

e 为直接标价法的汇率,Q 为贸易条件。

决定进口商品需求量和出口商品供给量的是本币价格,因此有

$$E_M = -\frac{\mathrm{d}M/M}{\mathrm{d}P_M/P_M},\ S_X = \frac{\mathrm{d}X/X}{\mathrm{d}P_X/P_X} \tag{2.9}$$

决定出口商品需求量和进口商品供给量的是外币价格,因此有

$$E_X = -\frac{\mathrm{d}X/X}{\mathrm{d}P_X^*/P_X^*},\ S_M = \frac{\mathrm{d}M/M}{\mathrm{d}P_M^*/P_M^*} \tag{2.10}$$

本币价格和外币价格之间的关系是

$$P_X = eP_X^*,\ P_M = eP_M^* \tag{2.11}$$

出口商品本币价格 P_X 的变动分为两部分:一部分来自汇率变动;一部分来自市场出清时,出口商品外币价格的变动。即对式(2.11)微分,得

$$\mathrm{d}P_X = \mathrm{d}e \cdot P_X^* + e \cdot \mathrm{d}P_X^* \tag{2.12}$$

所以有

$$\frac{\mathrm{d}P_X}{P_X} = \frac{\mathrm{d}e \cdot P_X^* + e \cdot \mathrm{d}P_X^*}{eP_X^*} = \frac{\mathrm{d}e}{e} + \frac{\mathrm{d}P_X^*}{P_X^*} \tag{2.13}$$

将式(2.13)和式(2.9)代入式(2.10),得

$$E_X = -\frac{\mathrm{d}X/X}{\mathrm{d}P_X^*/P_X^*} = -\frac{S_X}{\mathrm{d}P_X/P_X - \mathrm{d}e/e}\frac{\mathrm{d}P_X}{P_X} \tag{2.14}$$

$$\frac{\mathrm{d}P_X}{P_X} = \frac{\mathrm{d}e}{e}\frac{E_X}{E_X + S_X} \tag{2.15}$$

同理,可得

$$\frac{\mathrm{d}P_M}{P_M} = \frac{\mathrm{d}e}{e}\frac{S_M}{E_M + S_M} \tag{2.16}$$

贸易条件定义为

$$Q = \frac{P_X}{P_M} \tag{2.17}$$

对式(2.17)求微分,得

$$\frac{\mathrm{d}Q}{Q} = \left(\frac{\mathrm{d}P_X}{P_M} - \frac{\mathrm{d}P_M}{P_M^2}P_X\right) \Big/ \left(\frac{P_X}{P_M}\right)$$

$$= \frac{\mathrm{d}P_X}{P_X} - \frac{\mathrm{d}P_M}{P_M} \tag{2.18}$$

将式(2.15)、式(2.16)代入式(2.18),得

$$\frac{\mathrm{d}Q}{Q} = \frac{\mathrm{d}e}{e} \frac{E_X E_M - S_X S_M}{(E_X + S_X)(E_M + S_M)} \tag{2.19}$$

观察式(2.19)可知,本币贬值时,有 $\mathrm{d}e > 0$,又因为弹性均为绝对值,所以式(2.19)的符号取决于$(E_X E_M - S_X S_M)$的正、负。因此,当:

$E_X E_M > S_X S_M$,即需求弹性的乘积大于供给弹性的乘积时,贸易条件改善;

$E_X E_M < S_X S_M$,即需求弹性的乘积小于供给弹性的乘积时,贸易条件恶化;

$E_X E_M = S_X S_M$,即需求弹性的乘积等于供给弹性的乘积时,贸易条件不变。

五、计 算 题

1. 假定 X 年,中国与外国发生下列若干笔经济往来,做出这几笔交易的会计分录,计算这些交易所形成的中国贸易差额、经常账户差额、资本和金融账户差额、综合账户差额。(经济往来内容略)

答:做这几笔交易的会计分录,单位:万美元。

(1) 借：证券投资——美国国债　　　　　　　100
　　　贷：其他投资——银行存款　　　　　　100
(2) 借：其他投资——银行存款　　　　　　300
　　　贷：证券投资——公司债券　　　　　　300
(3) 借：商品进口　　　　　　　　　　　　400
　　　贷：其他投资——银行存款　　　　　　350
　　　　　其他投资——银行贷款　　　　　　50
(4) 借：商品进口　　　　　　　　　　　　200
　　　贷：其他投资——银行存款　　　　　　200
　　　借：其他投资——银行存款　　　　　　500
　　　贷：商品出口　　　　　　　　　　　　500
(5) 借：其他投资——银行存款　　　　　　50
　　　贷：初次收入——股本收入　　　　　　50
(6) 借：二次收入　　　　　　　　　　　　50
　　　　其他投资——政府贷款　　　　　　200
　　　贷：储备资产　　　　　　　　　　　　250
(7) 借：服务——旅游　　　　　　　　　　30
　　　贷：其他投资——银行存款　　　　　　30

将这些项目合并入简化的国际收支平衡表,得到：

项　　目	借　方	贷　方	差额
货　　物	400(3)＋200(4)	500(4)	－100
服　　务	30(7)	—	－30
初次收入		50(5)	＋50
二次收入	50(6)	—	－50
经常账户合计	680	550	－130

续表

项　目	借　方	贷　方	差　额
证券投资	100(1)	300(2)	200
其他投资	300(2)＋500(4)＋50(5)＋200(6)	100(1)＋350(3)＋50(3)＋200(4)＋＋30(7)	－320
储备资产	—	250(6)	250
资本和金融账户合计	**1 150**	**1 280**	**130**
总　计	1 830	1 830	0

贸易逆差＝400＋200－500＝100 万美元

经常账户逆差＝100＋30－50＋50＝130 万美元

资本和金融账户(不含储备资产)逆差＝320－200＝120 万美元

资本和金融账户(含储备资产)顺差＝250＋200－320＝130 万美元

综合账户逆差＝经常账户逆差＋扣除了储备资产变动的资本和金融账户逆差＝130＋120＝250 万美元

2. 以下是简化了的中国 Y 年国际收支平衡表的一部分，请计算以下问题：

单位：千美元

项　目	差　额	贷　方	借　方
一、经常项目	371 832 620	1 467 881 997	1 096 049 378
A. 货物和服务	307 476 604	1 342 205 962	1 034 729 358
B. 初次收入	25 688 492	83 030 308	57 341 816
C. 二次收入	38 667 524	42 645 727	3 978 204
二、资本和金融项目	73 509 250	921 960 702	848 451 452
A. 资本项目	3 099 075	3 314 699	215 624
B. 金融项目	70 410 175	918 646 003	848 235 828
三、储备资产	－461 744 102	239 766	461 983 869

(1) 经常账户是顺差还是逆差?
(2) 以综合账户计,国际收支是否平衡?
(3) 错误和遗漏账户余额是多少?

答:(1) 经常账户顺差,顺差数额为 3 718.32 亿美元。

(2) 综合账户是经常账户与扣除了储备资产的资本和金融账户余额之和,在表中,经常账户顺差为 3 718.32 亿美元,扣除了储备资产的资本和金融账户余额为 735.09 亿美元,因此,以综合账户计,国际收支发生顺差,数额为 4 453.41 亿美元①。

(3) 在理论上,综合账户的差额应当与储备资产的变动相抵消,但由于统计手段局限等原因,两者存在一定差异,两者的差被人为归结在错误和遗漏账户余额中。

因为综合账户顺差 4 453.41 亿美元,国际储备增加 4 617.44 亿美元,所以错误与遗漏账户余额 = 4 617.44 − 4 453.41 = 164.03 亿美元。

3. 假设本国贸易收支状况为:进口商品 100 亿美元,出口商品 60 亿美元。进出口的需求价格弹性分别为 0.9 和 0.7(绝对值),供给弹性为无穷大。现在为改善国际收支,本币贬值 10%,问贸易收支状况会发生什么样的变化?

答:假设本国出口商品 X 的本币价格为 P_X,外币价格为 P_X^*,进口商品 M 的本币价格为 P_M,外币价格为 P_M^*。则以外币计,贸易收支 T 可以表示为

$$T = P_X^* X - P_M^* M \quad (2.20)$$

其中,$P_X^* X = 60$,$P_M^* M = 100$。对式(2.20)微分,得

---

① 对此需要说明的是,按照国际货币基金组织的定义,储备资产是资本和金融账户的一部分,位于金融账户中,但在我国截至 2010 年的国际收支平衡表中仍然将其单独列出。因此,严格地说,我国国际收支平衡表中的"资本和金融项目",应当是扣除了储备资产后的资本和金融项目。

$$dT = dP_X^* \cdot X + P_X^* \cdot dX - dP_M^* \cdot M - P_M^* \cdot dM \quad (2.21)$$

在供给弹性无穷大的情况下,本币贬值,P_X 与 P_M^* 不变,所以式(2.21)可以化简为

$$dT = dP_X^* \cdot X + P_X^* \cdot dX - P_M^* \cdot dM \quad (2.22)$$

出口需求弹性可以表示为

$$E_X = \frac{dX \cdot P_X^*}{X \cdot dP_X^*} \quad (2.23)$$

进口需求弹性可以表示为

$$E_M = \frac{dM \cdot P_M}{M \cdot dP_M} \quad (2.24)$$

本币贬值 10%,意味着 $\frac{dP_X^*}{P_X^*} = -10\%$,$\frac{dP_M}{P_M} = 11\%$,从而有

$$\frac{dX}{X} = E_X \cdot \frac{dP_X^*}{P_X^*} = -0.7 \times (-0.1) = 7\% \quad (2.25)$$

$$\frac{dM}{M} = -E_M \cdot \frac{dP_M}{P_M} = -0.9 \times 0.11 = -9.9\% \quad (2.26)$$

将上述各数字代入式(2.22),得到

$$dT = P_X^* \cdot X \cdot \frac{dP_X^*}{P_X^*} + P_X^* \cdot X \cdot \frac{dX}{X} - P_M^* \cdot M \cdot \frac{dM}{M}$$

$$= 60 \times (-10\%) + 60 \times 7\% - 100 \times (-9.9\%) \quad (2.27)$$

$$= 8.1$$

即贸易收支赤字减少 8.1 亿美元。

4. 某国政府推行赤字财政政策，H 年财政决算，其政府开支赤字为 200 亿美元，当年该国形成私人储蓄 2 500 亿美元，发生私人投资 2 650 亿美元，根据国民收入恒等式，如果不考虑经常转移和国际间要素收入，则该国 H 年的经常账户差额是多少？

答：收入法统计的国民收入是

$$Y = C + S + T \tag{2.28}$$

支出法统计的国民收入是

$$Y = C + I + G + (X - M) \tag{2.29}$$

两式联立，可得

$$(X - M) = (S - I) + (T - G) \tag{2.30}$$

即：经常账户差额被用来弥补国内私人储蓄与私人投资的差额，以及政府收入和政府支出的差额。

代入计算得到，经常账户差额＝(2 500－2 650)－200＝－350 亿美元，即出现 350 亿美元的经常账户赤字。

第三章 汇率基础理论

一、判 断 题

1. ×。外汇是指外国货币或以外国货币表示的、能用来清算国际收支差额的资产。首先,只有当某种外币满足自由兑换性、普遍接受性和可偿性三个条件时,它才能被认可为外汇;其次,外汇不仅发挥支付手段的作用,还能充当储藏手段。

2. ×。间接标价法下,汇率数值变动的意义与直接标价法相反,即汇率数值下降表示本国货币贬值、外国货币升值。

3. √。

4. √。

5. √。

6. ×。理论上说,国际收支状况是影响汇率的主要因素之一,但是否实际影响汇率,取决于汇率制度等多种条件。比如,固定汇率制下,暂时的国际收支失衡可由官方短期借贷或调整储备来平衡,并非变动汇率。在现代经济运行中,短期内的汇率更多地是由金融市场上的资金流动所决定的。

7. √。

8. ×。根据利率平价,利率相对较高的国家其货币在未来可能会相对于现在贬值,即贴水。

9. √。
10. √。

二、不定项选择题

1. ABC 2. ACD 3. AC 4. ABCD 5. B
6. B 7. C(说明：第7、8两题需要具体计算，不可直接套用 $\rho = i^d - i^f$ 的公式，因为公式中忽略了一些"小量") 8. B
9. C(说明：这里的"货币投资收益率"既包含名义利率，又包含汇率变动的损益。如果该市场与美国国内金融市场存在资金联系，则当其货币投资收益率高于美国时，美国的资金就会流入，从而增加该市场的资金供给，最终使得两个市场的货币投资收益率相等，套补利率平价成立)
10. ABD 11. C 12. AC

三、简答题

1. 什么是开放经济条件下的一价定律？它成立的条件是什么？

答：在经济活动中存在这样一类商品：首先，假定位于不同地区的该商品是同质的；其次，该商品能自由移动、自由交易，其价格能够灵活地进行调整。若该商品在不同地区的价格存在差异，套利者就可以在低价地区买入这种商品，然后在高价地区卖出以牟取差价。套利者的持续套利行为将不断改变两个地区的商品供求状况，使低价地区的商品价格因需求增加而上升，高价地区的商品价格因供给增加而下降。最后，两个地区的商品价格会接近，这种由套利机制实现的一致关系称作"一价定律"(Law of One Price)。在两个国家两种货币的情况下，在低价国购入商品后运往高价国首先需要用高价国货币兑换成低价国货币，这种持续的兑换会使低价国货币不断升值,从而低价国商品按汇率折算成高价国货币后的价格不断上升,直到两国的价格水平相等。由此可见,在两国条件下,由套利行为引起的汇率变动也是形成一价定律的机制。在开放经济条件下,一价定律体现为用同一货币衡量的不同国家的同种可贸易品价格相同,即:

$$P_d^T = eP_f^T \tag{3.1}$$

其中,e 是外币直接标价法的汇率,P_d^T 和 P_f^T 是本国和外国的可贸易品的标价。一价定律描述的可贸易品价格和汇率的关系是购买力平价说的基础,其成立的条件是,货币可以自由兑换,商品可以自由移动、自由交易,货币和商品的价格完全由供求关系决定,并假定商品不存在运输成本和其他移动费用。

2. 论述绝对购买力平价和相对购买力平价的异同。

答:绝对购买力平价和相对购买力平价都从货币作为流通手段和价值尺度的功能出发,研究汇率水平的决定问题;两者的分析都以不同国家或地区间可贸易品的一价定律为基础,计算所得的汇率都可以用两个经济体之间物价水平的关系来表示。这些都是它们相同的地方。

绝对购买力平价所得到的基本结论是:汇率的绝对水平是两国物价绝对水平的对比,即

$$e = \frac{P_d}{P_f} \tag{3.2}$$

绝对购买力平价的成立,要求两国间贸易不存在交易成本,并且各国物价水平的计算采取完全相同的权重,这些条件较为苛刻。

相对购买力平价放松了绝对购买力平价的苛刻要求,主要关注的是汇率的相对水平和变化,其基本公式为

$$e_t = \frac{PI_{d,t}}{PI_{f,t}} \cdot e_0 \tag{3.3}$$

其中,$PI_{d,t}$、$PI_{f,t}$ 分别是本国和外国在 t 期的物价指数,e_0 是

基期的汇率，e_t 是计算期的汇率。相对购买力平价并不要求基期的汇率完全符合两国基期的物价水平对比，从而也并不要求计算期的汇率完全符合两国计算期的物价对比；但在基期之后，汇率水平应当反映两国物价的相对变动。物价上升速度较快（物价指数相对基期提高较快）的国家，其货币就会贬值。将式(3.3)变形后，可得

$$\rho = \pi_d - \pi_f \tag{3.4}$$

其中，ρ、π_d、π_f 分别是汇率的变动率（直接标价法）、本国的通货膨胀率和外国的通货膨胀率。式(3.4)表明，货币的升值与贬值是由两国通胀率的差异决定的。如果本国通胀率超过外国，则本币将贬值。由于物价指数和通货膨胀率比较容易得到，因而计算相对购买力平价也就容易得多，其实用性比绝对购买力平价大大提高。

3. 请指出弹性价格货币分析法和购买力平价理论之间的联系和区别。

答：弹性价格货币分析法是以购买力平价成立为条件的。其基本思路是找到本国和外国货币市场平衡的条件，即：

$$p_d = m_d^s - \alpha y_d + \beta i_d \tag{3.5}$$

$$p_f = m_f^s - \alpha y_f + \beta i_f \tag{3.6}$$

并利用绝对购买力平价的公式

$$e = p_d - p_f \tag{3.7}$$

将汇率水平表示成为两国货币供给、国民收入和利率水平的函数，即

$$e = (m_d^s - m_f^s) - \alpha(y_d - y_f) + \beta(i_d - i_f) \tag{3.8}$$

在弹性价格货币分析法中，本国与外国之间的实际国民收入水平、利率水平以及货币供给水平通过影响各自的物价水平，决定了两国各自货币市场的平衡。而两国之间的联系，则是绝对购买力平价。因此，购买力平价是弹性价格货币分析法推导的重要步骤和前提。

但是，弹性价格货币分析法的内容比购买力平价更为复杂和丰富。首先，购买力平价是基于商品市场均衡所提出的理论，而弹性价格货币分析法还引入了货币市场和外汇市场的均衡，具备了一般均衡分析的特征；其次，购买力平价理论只描述了两国物价水平之间的关系，却没有进一步讨论决定物价水平的是哪些因素，而弹性价格货币分析法所使用的货币供给、国民收入、利率等变量则更具有可操作性；最后，弹性价格货币分析法进一步假设了非套补的利率平价成立，从而成功地将预期因素引入了汇率水平的决定中。

4. 汇率决定的资产组合分析法将一国所持有的资产分为哪几类？这几类资产之间能够充分互相替代吗？填写资产存量变动对短期均衡汇率和利率影响的表格。

答：一国所持有的资产分为三类，即本国货币、本币债券和外币资产（以外币债券为代表）。与货币分析法不同，在资产组合分析法中，本国货币、本币债券和外币资产之间不能充分互相替代。填表如下：

	资产供给绝对量的变动		资产供给相对量的变动	
	本国货币增加	外币资产增加	本国货币增加 本国债券减少	本国货币减少 外币资产增加
情况举例	央行向政府赤字融资	通过经常账户顺差获得外币	央行在二级市场上买入国债	央行在外汇市场上卖出外币
本国利率	下降	不变	下降	上升
本币币值	贬值	升值	贬值	升值

5. 本国货币贬值对本国总需求一定会有扩张作用吗？请分析一下本币贬值对总需求发生影响的机制。

答：本币贬值对总需求的影响究竟是扩张性的还是紧缩性的，

一直是个有争议的问题。传统的理论认为,成功的货币贬值对经济的影响是扩张性的。货币贬值使本国商品的国际价格相对便宜,进口商品的本国价格相对昂贵,从而能够提高本国商品的价格竞争力,增加商品出口,并使本国居民对进口商品的需求转向由其自产的进口替代品,这些都能够扩大对本国商品的总需求,并在供给充足的情况下通过乘数效应使国民收入得到多倍增长。

但本币贬值在对经济产生扩张性影响时,也有可能同时对经济产生紧缩性影响,其原因在于:

(1) 如果一国经济的发展依赖进口高新技术、设备、能源及粮食等需求弹性很低的商品,那么,在本币贬值后,该国居民货币购买力的较大部分将转向这些进口商品,从而导致对本国产品的需求相对下降。这实际上是本币贬值加在社会总需求上的一种赋税,可称为"贬值税"或"贬值税效应"。

(2) 本币贬值会推动一般物价水平上升,但名义工资的增长可能滞后于物价的增长。这意味着工资收入者对国内产品的需求将相对下降,从而总需求下降,这是本币贬值的"收入再分配效应"。

(3) 从金融资产的角度看,本币贬值使本国货币购买金融资产尤其是外币资产的能力下降,从而本国居民的财富总水平下降,进而导致总需求下降,这是本币贬值的"货币资产效应"。

(4) 本币贬值后,偿还相同数额的外债需要付出更多的本国货币,这加大了本国政府和企业对外付息的压力,当还本付息额较大时,也引起国内总需求下降,这是本币贬值的"债务效应"。

由此可见,汇率变化对总需求的影响是双重的,既有扩张性影响,又有紧缩性影响。就中国而言,从20世纪80年代和90年代的统计数据看,扩张性影响似乎占主导地位。

6. 简述金币本位制下的黄金输送、铸币平价和汇率决定。

答: 在金币本位制度下,各国都规定单位金币的法定含金量,货币可向发行货币的国家按照法定含金量兑换成黄金。两种不同货币之间的比价,是由它们各自的含金量对比来决定。例如在1925—

1931年,1英镑的含金量为7.322 4克,1美元所含纯金则为1.504 656克,两者相比等于4.866 5(7.322 4÷1.504 656),即1英镑等于4.866 5美元。这种以两种金属铸币含金量之比得到的汇率被称为铸币平价(Mint Parity)。

在金币本位制度下,国际收支既可以用外汇来支付,又可以直接通过黄金支付,从而外汇市场上的货币价格就受制于铸币平价,实际生活中汇率因供求关系的变化而造成的波动是有限的。仍然举上面的例子:假定在英国和美国之间运送7.322 4克黄金的费用为0.02美元,那么如果外汇市场上1英镑的价格高于4.886 5美元(即4.866 5＋0.02美元),美国债务人就不会在外汇市场上购买英镑,而会用4.866 5美元的价格向联储兑换黄金并运送往英国,用黄金向英格兰银行兑换英镑以支付国际债务。这样,美国的黄金就会输出到英国,4.886 5美元就是美国对英国的黄金输出点(Gold Export Point)。与此同时,外汇市场上英镑的需求会下降,英镑的价格也会下降,直到低于4.886 5美元。反之,如果1英镑的价格低于4.846 5美元,英国的债务人也会同样用输出黄金的方式偿还对美国的债务,4.846 5美元就是美国对英国的黄金输入点(Gold Import Point)。与此同时,外汇市场上美元的需求就会减少,英镑的价格就会上升,直至超过4.846 5美元。黄金输出点和黄金输入点统称黄金输送点(Gold Point)。

以上的分析表明,铸币平价加上黄金运送费,是汇率上涨的最高点;铸币平价减去黄金运送费,是汇率下跌的最低点。黄金输入点和黄金输出点是汇率变动的界限,汇率在这一界限内围绕着铸币平价波动,波动的幅度比较小,基本上是稳定的。

四、论 述 题

1. 讨论影响汇率水平的因素和汇率水平变动对宏观经济所可能造成的影响,这给我们以怎样的启示?

答:(1)影响汇率水平的因素主要包括:

① 国际收支。当一国的国际收入大于支出即国际收支顺差时，本国货币升值、外国货币贬值；反之，则本国货币贬值、外国货币升值。国际收支对汇率水平的影响，需要在收支差额较大、持续时间较长的情况下才会比较明显。

② 相对通货膨胀率。相对通货膨胀率持续较高的国家，由于其货币的国内价值和购买力下降相对较快，则其货币相对于外国货币也会贬值。

③ 相对利率。本国利率相对于外国利率较高时，投资者愿意持有本币资产，进而本币需求上升，本币升值；反之，则本币贬值。相对利率对汇率的影响，需要和相对通货膨胀率结合起来看。更具体地说，实际利率对汇率的影响，要大于名义利率对汇率的影响。利率在很大程度上属于政策工具的范畴，具有被动性，因而它对短期汇率产生较大的影响，对长期汇率的影响是十分有限的（从长期看，真实利率趋于稳定）。

④ 总需求与总供给。总需求与总供给增长中的结构不一致和数量不一致，也会影响汇率。如果总需求的整体增长快于总供给的整体增长，满足不了的那部分总需求将转向国外，引起进口增长，从而导致本国货币贬值。当总需求的增长从整体上快于总供给的增加时，还会导致货币的超额发行和财政赤字的增加，从而间接导致本国货币贬值。因此，简单地说，当总需求增长快于总供给时，本国货币一般呈贬值趋势。

⑤ 预期。就经济方面而言，预期包含对国际收支状况的预期，对相对物价水平和通货膨胀率的预期，对相对利率或相对资产收益率的预期，以及对汇率本身的预期，等等。预期一方面会改变利率、国际收支等宏观经济变量以间接影响汇率；另一方面还会在外汇市场上直接影响汇率，如集体性的贬值预期可能会推动货币的贬值。

⑥ 财政赤字。财政赤字往往导致货币供应增加（政府融资）和需求增加，因此，赤字的增加将导致本国货币贬值。但如果赤字增加同时伴随着利率上升（如政府支出的挤出效应），那么它对汇率的影响就不确定了。

⑦ 国际储备。国际储备,特别是外汇储备的多少,能表明政府干预外汇市场、稳定货币的能力的强弱。储备增加能加强外汇市场对本国货币的信心,因而有助于本国货币升值;反之,储备下降则会引诱本国货币贬值。

⑧ 劳动生产率。在工资水平稳定的前提下,劳动生产率的相对快速增长,使单位货币代表的价值相对增加,从而使本国货币的对外价值相应上升。不过,劳动生产率对货币汇率的影响是缓慢而长期的,它不易被马上察觉出来。

(2) 汇率变动对宏观经济的影响主要包括:

① 国际贸易条件。汇率变动对贸易条件的影响与进出口的供给、需求弹性有关。更具体地说,与本国在世界经济体系中属于大国经济(价格制定者)还是小国经济(价格接受者)有关。一般而言,货币贬值或多或少会恶化本国的贸易条件,当本国属于小国经济时,贸易条件恶化的可能性更大。

② 物价水平。本国汇率变动通过货币工资机制、生产成本机制、货币供应机制和收入机制,有可能导致国内工资和物价水平的变动。从货币工资机制来讲,本国货币贬值带来进口物价的上升,会推动生活费用的上涨,从而导致工资收入者要求更高的名义工资。更高的名义工资又会推动货币生产成本和生活费用的上升,如此循环不已,最终使出口商品和进口替代品乃至整个经济的一般物价水平上升。从生产成本机制来讲,当进口商品是本国产品的重要原料或中间品时,本币贬值会直接导致本国商品价格的上升。从货币供应机制来讲,本币贬值后,由于货币工资机制和生产成本机制的作用,为防止出现紧缩,货币供应量有可能适应性地增加,在外汇市场上,本币贬值后,政府在等量外汇的结汇方面,将被迫支出更多的本国货币,也会导致本国货币供应的增加。从收入机制来讲,如果本国进口需求弹性和出口需求弹性都较低,从而本币贬值不能增加本国净出口时,本国的收入会减少、支出会增加,并导致贸易收支恶化和物价水平的上涨。

③ 总需求。传统理论认为,成功的货币贬值对经济的影响是扩张性的。在乘数作用下,它通过增加出口、增加进口替代品的生产,使国民收入得到多倍增长。但在特定的产品需求弹性、工资水平下,可能也会对总需求造成紧缩性的影响。

④ 就业。就业率往往与总需求具有同向变动的关系。当本币贬值带来总需求扩张时,企业就会通过增加生产要素投入和增加雇员来扩大生产规模,社会就业率就能提高。一般而言,只要货币供应量随贬值而增加等条件得到满足,本币贬值就能够对总需求起到扩张作用,所以本币贬值一般会带来就业提高。

⑤ 对民族工业的影响。汇率变动对民族工业的影响,与民族工业的发展战略有关。本币贬值无论从理论上还是在实践中,都可以被看成是一种税赋行为。它是对出口的一种补贴,对进口的一种征税。当一国采取进口替代型战略,希望通过从国外进口基础设施,迅速建立起本国的工业体系时,本币贬值就会增加建设工业体系的进口成本,不利于民族工业发展,因此,采取进口替代性战略的国家大多会将本币币值高估(高估同时也会使进口商品的本币价格便宜,不利于本国生产的进口替代品的销售,因此往往需要对贸易进行限制)。当一国希望发挥本国比较优势,采取出口导向型战略时,本币贬值就能降低本国出口产品的价格,提高本国出口商品的竞争力,有利于民族工业的发展,但也会造成本国工业偏消费品生产的结构。20世纪50—70年代,拉美国家大多采用了高估本币和发展进口替代型经济的战略,实践证明这种战略效果不佳,目前发展中国家大多都使用低估本币作为促进本国经济增长和工业发展的手段。

⑥ 对劳动生产率和经济结构的影响。从短期来说,本币贬值对企业经营一般是有利的,但未必能够带来劳动生产率的提高和经济结构的改善。如果本币贬值后,企业利用销售增加获得的资金来改善生产技术、更新生产装备、研发新产品和向新产业转移,那么从长期看,本国的劳动生产率和经济结构都会改善。否则,贬值就会在客观上保护那些以高成本、低效益生产出口产品和进口替代品的落后

企业,甚至使落后企业仍然有能力扩大生产规模,重复原来的生产方式。那样,贬值就会不利于本国劳动生产率的提高和经济结构的改善。

汇率与其他宏观经济变量之间相互影响的关系给我们的启示是:汇率同时具有比价属性和杠杆属性。所谓汇率的比价属性,就是指汇率的水平由其他宏观经济变量(如国际收支、货币供应量、物价、产出等)的变动所决定;所谓汇率的杠杆属性,就是指汇率水平变动会带来其他宏观经济变量的变动。如果政府对汇率水平能够施加影响并进行一定程度的控制,那么,在汇率水平决定的过程中,既要考虑到汇率的比价属性,即汇率水平要和宏观经济的基本状况相一致;又要考虑到汇率的杠杆属性,即汇率水平要能对特定的宏观经济目标产生合意的影响。

2. 评述购买力平价理论的意义和局限性,为什么购买力平价理论在实证中不能得到较好的支持?

答:在所有的汇率理论中,购买力平价说是最有影响的。首先,它从货币的基本功能(具有购买力)出发来分析货币的交换问题,符合逻辑、易于理解。同时,它的表达形式也最为简单。所以,购买力平价被广泛运用于对汇率水平的分析和政策研究之中,并被其他的一些汇率决定理论用来作为长期汇率水平的参照物。

但是,购买力平价说把汇率的变动完全看成一种货币现象,购买力平价的成立意味着反映一国产品国际竞争力的实际汇率不发生变动,名义汇率的变动完全由通货膨胀引起,这与实证结果存在较大差异。从长期看,实际因素的变动会引起实际汇率以及相应的名义汇率的调整,从而使名义汇率与购买力平价产生长久性的偏离。主要的实际因素包括:生产率的变动、消费偏好的变动、自然资源的发现、各国自然禀赋和经济禀赋的不同、各国经济政策的不同、本国对外国资产的积累、垄断性的市场结构、对国际贸易管制的变动、等等。

而且，购买力平价说并不是一个完整的汇率决定理论，它更多的是在描述汇率与价格之间存在的比例关系，但究竟是相对价格水平决定了汇率，还是汇率决定了相对价格水平，抑或两者同时被其他变量所外生决定，这是购买力平价所没有涉及的。其他汇率决定理论，如弹性价格的货币论，就以购买力平价为基础，引入了货币、国民收入、利率等变量对价格的决定，从而具有比较高的实用性和政策含义。

在实证研究中，购买力平价一般并不能得到经验数据的有力支持。对此现象的解释主要有：

首先，购买力平价的实证检验存在技术上的困难。第一，物价指数的选择不同，可以导致不同的购买力平价。比如，国内生产总值消涨指数（GDP Deflator），是覆盖面最广的物价指数；批发物价指数（Wholesale Price Index），则是偏重覆盖内外贸商品价格的指数；而消费物价指数（Consumer Price Index），是仅仅覆盖消费品价格的一种物价指数。采用何种指数最为恰当，是个悬而未决的问题。第二，商品分类上的主观性可以扭曲购买力平价。运用购买力平价来计算汇率，要求不同国家在商品的分类上做到一致和可操作性，否则，就会缺乏可比性。但由于不同国家间价格体系、经济体制、统计口径上的差异，以及人们主观知识上的差异，商品分类很难达到一致。第三，在检验相对购买力平价时，由于相对购买力平价说隐含地假定了基年的汇率 e_0 是均衡的汇率，但在实证检验时，研究人员根据主观判断选定的基年未必就是均衡汇率实现的时刻，因此，以后的数据自然也就得不到验证。

其次，从短期看，汇率会因为各种原因而暂时偏离购买力平价。例如，购买力平价的分析是以物价水平可以灵活调整作为前提的，如果存在价格黏性，导致其不能在短期内及时调整，汇率就会暂时偏离购买力平价。再如，购买力平价在分析中还假定只存在经常账户交易，如果也存在着资本与金融账户交易，尤其是这一交易在短期内主导了汇率的变动时，现实中的汇率也很难通过商品套利机制使之满足购买力平价。

最后,购买力平价理论假定一价定律首先存在于贸易品的交换中,通过贸易品价格与非贸易品价格之间的联系,一价定律也存在于非贸易品的价格对比之中,从而一价定律存在于两国所有商品的价格对比之中。而事实上,一价定律成立的前提是套利,套利仅存在于可自由移动、自由交易的商品交换之中。购买力平价理论的这个假设,显然也是使其在实证中难以得到有效验证的原因之一。

五、计 算 题

假定某日伦敦外汇市场的中间价为 1 英镑＝2.017 4 美元,英镑 1 年期远期升水为 6.55 美分,1 年期英镑利率 2.7%,1 年期美元利率 5.5%。应当如何进行抵补套利才能够有利可图?

答:远期升水意味着远期汇率上升。因此,1 年后的英镑远期汇率为 1 英镑＝2.017 4＋0.065 5＝2.082 9 美元。

不妨先假设从美国市场上以 5.5% 的利率借入 1 美元,兑换成 1/2.017 4＝0.495 7 英镑,并以 2.7% 的利率借出,同时以 1 英镑＝2.082 9 美元的执行汇率,签订 1 年期的远期外汇合约。1 年后,收回 0.495 7×(1＋2.7%)＝0.509 1 英镑,按当时约定的汇率执行,兑换得 0.509 1×2.082 9＝1.060 4 美元,归还 1.055 美元后还有剩余,显然,这就是有利可图的抵补套利。

(说明:本题过程很简单,但有两个值得注意的地方。

第一,升水、贴水和升值、贬值的关系。升水、贴水是指汇率数值的变动,升水是汇率数值上升,贴水是汇率数值下降。而这种变动具体的经济含义,随直接标价法和间接标价法而不同。

第二,套补利率平价的公式,即 $\rho = i_d - i_f$ 可以用于定性判断,但这个公式在推导过程中忽略了一些小量,而且关于 ρ 究竟如何计算,对于直接标价法和间接标价法又有不同,直接使用容易出错,因此,在计算时,建议使用本题所用的"假设"法)

第四章　内部均衡和外部平衡的短期调节

一、判　断　题

1. ×。出口补贴政策、关税政策和汇率政策都属于支出转换型政策。

2. ×。外部均衡是内部均衡基础上的外部平衡。具体而言,反映为内部均衡实现条件下的国际收支平衡,它不能脱离内部均衡的条件。

3. ×。丁伯根原则的含义是,要实现 N 个独立的政策目标,至少需要相互独立的 N 个有效的政策工具。将货币政策和财政政策分别应用于影响力相对较大的目标,以求得内外平衡是蒙代尔提出的政策指派原则的要求。

4. ×。在经济学意义上,我国最基本的国情是经济发展程度不高、人均收入水平低、劳动力丰富。这一国情表明,我国既有经济增长的必要性,也有经济增长的可能性,从而,内外均衡的调节需要以经济增长为最终目标,不能为了实现国际收支平衡而牺牲内部均衡和经济增长。

5. ×。"蒙代尔最优指派原则"认为,财政政策解决内部均衡问题更为有效,货币政策解决外部平衡问题更为有效。

6. √。

7. √。
8. √。

二、不定项选择题

1. B 2. D 3. BC 4. BD 5. A 6. BD

7. CDE（说明：一般而言，汇率变动会通过影响自发性贸易余额而引起 BP 曲线移动。但是，在资本完全流动的情况下，国际收支完全由资本流动决定，贸易收支的变动能够被资本流动无限抵消，此时的 BP 曲线反映为一条水平线，仅仅与国际利率水平有关）

8. ABD 9. ABD 10. AC

三、简答题

1. 试论述内外均衡目标之间的关系。举例说明内外均衡一致和内外均衡冲突。

答：在封闭经济下，经济增长、充分就业与价格稳定是政府追求的主要经济目标。这三个目标概括了使经济处于合理运行状态的主要条件。但在开放经济中，政府的政策目标发生了改变，这体现在两个方面：第一，政策目标的数量增加了，国际收支平衡成为宏观调控所关注的目标之一；第二，各目标之间的关系发生变化，内部均衡与外部平衡之间会相互影响。

当政府采取措施，努力实现某一均衡目标时，可能会同时造成开放经济下另一均衡问题的改善，也可能对另一均衡问题造成干扰或破坏。一般我们将前者称为内外均衡的一致，后者称为内外均衡之间的冲突。内外均衡一致的例子如：国内需求不足、国际收支顺差，此时只需采取扩张性的货币政策，降低利率，就能够同时解决内部均衡和外部平衡问题。内外均衡冲突的例子如：国内需求过旺、国际收支顺差,此时如果为了抑制国内需求而采用紧缩性的货币政策,提高利率,则会进一步吸引国外资金流入,加剧国际收支逆差。内外均衡冲突的存在对政策的细分、合理搭配提出了要求。

2. 按照斯旺模型,当国际收支顺差和国内经济过热时,应当采取怎样的政策搭配?

答:斯旺模型用支出转换与支出增减政策搭配来解决内外均衡的冲突问题。政府的支出增减型政策(如财政政策)可以直接改变国内支出总水平,主要用来解决内部均衡问题。政府的支出转换型政策(如实际汇率水平的调节)可以改变对本国产品和进口产品的相对需求,主要用来解决外部平衡问题。当出现国际收支顺差和国内经济过热时,应当一方面缩减国内支出,一方面促进本币升值,从而使进口增加,并使国内需求减少,以降低国际收支顺差和国内经济过热的状况。

3. 在斯旺的内外均衡分析框架中,当内外均衡时,国内的产出水平、就业水平是唯一的吗?

答:在斯旺模型中,内部均衡意味着本国生产的产品被全部销售掉,并且国内支出得到满足。当国内产出一定时,如果国内支出扩大,为了满足国内支出,就需要本币升值以减少出口或增加进口。但另一方面,外部平衡意味着净出口为零。当国内产出一定时,如果国内支出扩大,进口商品增加或出口商品减少,此时就需要本币贬值以同时增加出口或减少进口实现国际收支平衡。

可见,斯旺模型中推导的国内支出与实际汇率的关系,是在国内产出水平一定的条件下成立的。反过来说,如果国内产出水平可变,那么,无论是内部均衡还是外部平衡,在国内支出扩大时,只需要国内产出水平上升即可,不会发生进出口的变动,也不会影响实际汇率。所以,当斯旺模型的内外均衡同时成立时,国内的产出水平是唯一的,对应的是充分就业时的就业水平。

(说明:斯旺模型中的国内支出和净出口的关系,用文字描述可能较为难以理解,不妨用一些具体的数字来解释。

假设本国产出水平为 100 单位,原来处于内外均衡状态。具体而言,国内生产 100 单位的产品,其中出口 20 单位;国内支出 100 单位,其中 80 单位由国内生产的产品满足、20 单位由进口产品满足。

现在若发生本币升值,出口减少到 10 单位,则国内生产的 100 单位产品,只有 80 单位被国内购买,10 单位无法销售,同时国际收支出现 10 单位的赤字。

在此情况下,为了实现内部均衡,使国内生产的产品全部销售掉,就需要增加国内支出到 110 单位,其中 90 单位国产,20 单位进口。此时,仍然有 10 单位的国际收支赤字。

在此情况下,为实现外部平衡,消除赤字,就需要减少进口,即压缩国内支出到 90 单位,其中 80 单位国产、10 单位进口。此时,仍然有 10 单位的国内产品无法销售。

可以看到,当汇率偏离均衡水平时,内部均衡和外部平衡就不可能同时实现。当然,还存在另一种可能,即推行某些支出转换型政策,使本币升值时,本国支出的结构改为 90 单位国产,10 单位进口)

4. 简述蒙代尔最优指派的政策搭配原理,并填写下表。请讨论:被分配给特定目标的政策,其效果是单一的吗?

财政政策与货币政策的搭配

经济状况	财政政策	货币政策
失业、衰退/国际收支逆差		
通货膨胀/国际收支逆差		
通货膨胀/国际收支顺差		
失业、衰退/国际收支顺差		

答:蒙代尔提出,每一目标应当指派给对这一目标有着相对最大影响力、因而在影响政策目标上有相对优势的工具。具体而言,

他认为货币政策对实现外部平衡目标更有效、财政政策对实现内部均衡目标更有效。因此当出现内部均衡和外部平衡问题时,应当根据内部失衡状况选用财政政策、根据外部失衡状况选用货币政策。

财政政策与货币政策的搭配

区间	经济状况	财政政策	货币政策
Ⅰ	失业、衰退/国际收支逆差	扩张	紧缩
Ⅱ	通货膨胀/国际收支逆差	紧缩	紧缩
Ⅲ	通货膨胀/国际收支顺差	紧缩	扩张
Ⅳ	失业、衰退/国际收支顺差	扩张	扩张

财政政策和货币政策的效果都不是单一的,并不是说财政政策只会影响内部均衡,而货币政策只影响外部平衡。譬如,当政府扩大预算时,国民收入增加,一方面,收入增加会带来进口需求增加,形成经常账户的逆差;另一方面,在货币政策不变的情况下,利率会上升,进而形成资本账户的顺差,这都会对外部平衡带来影响。观察下图可知,在使用财政政策解决国内经济衰退问题的过程中,从 A 点出发,第一步所到达的 B 点距离外部平衡曲线更远,也就是说,扩张性的财政政策会同时恶化国际收支。类似地,紧缩性的货币政策也会加剧国内经济衰退。但是,由于我们假设财政政策对内部均衡更有效,货币政策对外部平衡更有效,从而 IB 比 EB 陡峭。所以,扩张性财政政策和紧缩性货币政策的搭配,才能够保证调整过程中经济从非均

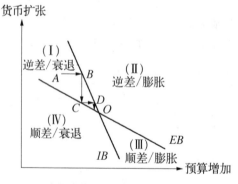

财政政策与货币政策的搭配

衡向均衡不断靠近,而不是相反。

5. 根据蒙代尔-弗莱明模型,在资本完全不流动且汇率浮动的情况下,当本国国际收支平衡、货币市场平衡,但商品市场存在超额需求时,市场如何发生自动调节?调节后本国的利率和产出水平如何变动?

答:在资本完全不流动,且汇率浮动的情况下,当本国国际收支平衡、货币市场平衡,但商品市场存在超额需求时,利率-产出组合位于下图的 A 点,即 LM 曲线与 BP 曲线的交点,并在 IS 曲线的左侧,意味着,在此利率下,商品市场的总需求高于实际产出。

商品市场的超额需求要由进口来满足,这就出现国际收支逆差,进而本币贬值。BP 曲线和 IS 曲线均向右移动,在 A' 点三条曲线重新相交,实现了内外均衡。调节后,本国利率水平和产出水平都有上升。

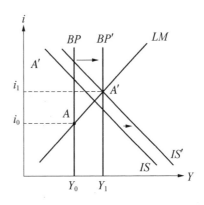

(说明:在教材中,内外均衡调节的出发点均为本国国内商品市场和货币市场均衡实现,国际收支不平衡,而本题给出的初始条件则是本国国际收支平衡和货币市场均衡,商品市场不平衡,这似乎增加了题目的复杂性。

题目中说,商品市场存在超额需求,表面上看,只要本币升值,IS 曲线左移,就能够降低超额需求。但是,本币升值后,IS 曲线和 BP 曲线都会向左移动,观察教材中所提到的 IS 曲线和 BP 曲线的定义式会发现,对应同等的汇率变动,BP 曲线水平移动的幅度将大于 IS 曲线水平移动的幅度。这也就是说,本币升值后,BP 曲线和 LM 曲线的交点,不但不可能落在 IS 曲线上,反而会离 IS 曲线更远,即满足货币市场平衡、国际收支平衡的利率-产出组合,存在更严重的超额需求。因此,只可能本币贬值。

进一步地思考会发现,在开始的汇率水平下,之所以出现商品市场的需求大于供给,并不是因为本币币值太低、需求水平太高,而是因为,为了实现国际收支平衡,国民收入受到了限制。如果起始条件不是国际收支平衡,而是内部均衡的话,国际收支就应当出现赤字。

因此,种种不均衡的本质原因,都是在一定的汇率水平下,三条曲线无法交于一点。只要能够从给出的条件中描绘出 IS、LM、BP 曲线的位置关系,那么,无论初始条件位于 $i-Y$ 坐标系中的任何一点,汇率所需的变动都是一样的)

6. 请利用蒙代尔-弗莱明模型分析:在固定汇率制且资本不完全流动的条件下,本国货币升值对内外均衡的影响。

答: 假设原来本国内外均衡实现,IS、LM、BP 交于下图中 A 点。本国货币升值后,IS 曲线左移,BP 曲线左移。升值造成本国出口下降,产出下降,在国内货币市场出清的情况下,利率也有下降。由于出口下降和利率下降,本国国际收支出现逆差。如果本国采用的是浮动汇率制,那么,国际收支逆差会自动地促使本币贬值,恢复国际收支平衡。但在固定汇率制下,为维护固定汇率,货币当局必须抛出外币、买入本币,进而货币供给减少,LM 曲线也左移。

如右图所示,本币升值后,内外均衡的利率-产出组合从 A 移动到了 A' 点。可以看到,如果不需要考虑外部平衡,则本国的产出仅仅会从 Y_0 移动到 Y' 的位置,但外部平衡要

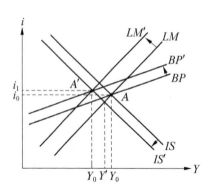

资本不完全流动,固定汇率制的汇率调整和内外均衡变动

求本国货币市场也发生紧缩,从而进一步紧缩了产出。

7. 经典的西方内外均衡调节理论有何不足？考虑到我国国情，在内外均衡调节中，尤其需要注意哪些因素？

答：（1）经典的西方内外均衡调节理论的不足之处包括：① 它们是基于成熟经济体而提出的，因而对经济增长的要求考虑不足，不能满足发展中国家政策调控的实际需要；② 它们基本都认为，均衡汇率是在内外均衡同时实现时被决定的变量，而没有同时关注汇率如何在内外均衡同时实现过程中具有杠杆作用，更没有关注汇率在经济持续增长中的作用。

（2）考虑到我国国情，在内外均衡调节中，需要注意的因素有：① 基于发展中国家的国情，内外均衡的调节需要以经济增长为最终目标，并对经济增长的数量和质量进行权衡；② 在研究视角上，综合考虑汇率的比价属性和杠杆属性（请结合第一章和第五章内容，并结合自己对国情的了解和观察，进行判断和发挥）。

8. 如下图，在 P-e 平面内，当物价和汇率位于 A、B、C 三点时，经济状况分别是怎样的？请分别讨论通过怎样的调整能够实现内外均衡。

答： A 点位于内部均衡曲线左侧，外部平衡曲线上方，出现的情况是需求过度、对外顺差。如果自动调整的话，需求过度会带来物价上升，对外顺差会带来汇率下降（本币升值）。但对比均衡的物价和汇率水平 O 点可知，A 点的物价和汇率都偏高，这意味着自动调整过程中，物价可能会在一段时间内出现逆向运动。因此，不妨配合适当的政策手段，使本币升值的同时，物价直接发生下降。

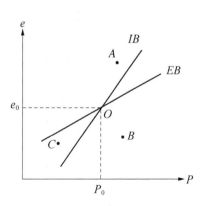

进一步细分的内外均衡调节

B 点位于内部均衡曲线右侧,外部平衡曲线下方,出现的情况是需求不足、对外逆差。如果自动调整的话,需求不足会带来物价下降,对外逆差会带来汇率上升(本币贬值)。对比均衡的物价和汇率水平 O 点可知,B 点的物价偏高、汇率偏低,这意味着自动调整就能使物价和汇率向均衡水平接近,无需配合其他政策手段。

C 点位于内部均衡曲线左侧,外部平衡曲线下方,出现的情况是需求过度、对外逆差。如果自动调整的话,需求过度会带来物价上升,对外逆差会带来汇率上升(本币贬值)。对比均衡的物价和汇率水平 O 点可知,C 点物价偏低、汇率偏低,这意味着自动调整就能使物价和汇率向均衡水平接近,无需配合其他政策手段。

四、论 述 题

1. 请简述蒙代尔-弗莱明模型的基本框架,说明各宏观经济变量变动时 IS、LM、BP 曲线移动的情况。

答:蒙代尔-弗莱明模型是由美国经济学家蒙代尔(R. Mundell)和英国经济学家弗莱明(J. M. Fleming)在封闭条件下的 $IS-LM$ 模型基础上,加入了外部平衡的分析而形成的。

蒙代尔-弗莱明模型有两个基本假定:① 商品价格不变;② 产出完全由总需求决定。

将蒙代尔-弗莱明模型用简单线性的形式表述,有如下方程:

(1) 商品市场均衡,即国内商品市场的总供给等于总需求,则

$$Y = (\overline{A} - bi) + (ce - tY), b > 0, c > 0, 0 < t < 1 \quad (4.1)$$

等式左边表示总供给,右边表示总需求。总需求由国内吸收和净出口组成。右边的第一部分表示国内吸收,国内吸收包含投资、消费和政府支出,$\overline{A}$ 是自发吸收余额,由于投资随利率 i 下降而上升,所以国内吸收是 i 的减函数;右边的第二部分表示净出口,即出口与进口的差,出口需求随本币贬值而上升,是直接标价法下汇率 e 的增

函数,而进口需求是收入(产出)Y的增函数,t是边际进口倾向。

在短期内,产出完全由总需求决定,所以式(4.1)可以改写成

$$i = \frac{\overline{A} + ce - (1+t)Y}{b} \qquad (4.2)$$

式(4.2)表明,在一定的汇率水平上,利率下降,则产出增加;在一定的利率水平上,本币贬值(e上升),则产出增加。从而,在i-Y平面内,IS曲线斜率为负,并随着本币贬值或自发性吸收增加(如政府支出增加)而右移。

(2)货币市场均衡,即居民对货币的需求等于货币供给,则

$$M^s = p(kY - hi), \ k > 0, \ h > 0 \qquad (4.3)$$

式(4.3)左边是由货币当局决定的货币供给,右边是名义货币需求,p为物价水平。随着收入的增加,居民交易需求增加,对货币的需求上升;随着利率的上升,居民会将手中持有的货币转换为其他资产,对货币的需求下降;在一定的实际货币需求下,随着物价上升,货币的名义需求上升。

货币市场达到均衡的调整过程,就是在一定的收入水平下,通过利率的变化而使居民的货币需求等于外生的货币供给。因为商品价格不变,所以可以将价格p一般化为1,改写式(4.3)得到

$$i = \frac{kY - M^s}{h} \qquad (4.4)$$

式(4.4)表明,随着产出增加,利率上升;随着本国货币供给增加,利率下降。反映在i-Y平面内,LM曲线斜率为正,且随着货币供给增加而右移。

(3)国际收支平衡,即经常账户和资本账户余额之和为零,则

$$(ce - tY) + \omega(i - i^*) = 0 \qquad (4.5)$$

式(4.5)的第一项为净出口,代表经常账户收支;第二项代表资本账户收支,由国内外利率差异决定。当国内利率i高于国际市场

利率 i^* 时,就有资本流入,资本账户差额为正;反之,则为负。

ω 是表示资本流动程度的参数。当资本完全不流动时,$\omega=0$,在 i-Y 平面内,BP 曲线是一条垂直线,并随着本国货币的贬值而右移。含义是:国际收支平衡等同于贸易平衡,随着本币的贬值,出口会增加,国际收支可以在更高的产出水平下得到平衡。

当资本完全流动时,$\omega \to +\infty$,在 i-Y 平面内,BP 曲线是一条水平线。含义是:国际收支与汇率和国民收入无关,当且仅当国内利率等于国外利率时,国际收支才能平衡。

当资本不完全流动时,$\omega>0$,在 i-Y 平面内,BP 曲线是一条斜率为正的直线,随着本币贬值(e 上升),BP 曲线向右移动。其含义是:随着本国产出提高,需要提高利率以吸收资本流入,抵消进口的增加。

(说明:观察式(4.1)和式(4.5)可以知道,对于商品市场平衡而言,有

$$\frac{\mathrm{d}Y}{\mathrm{d}e} = \frac{c}{1+t} \tag{4.6}$$

对于国际收支平衡而言,有

$$\frac{\mathrm{d}Y}{\mathrm{d}e} = \frac{c}{t} \tag{4.7}$$

所以,对于同等的贬值幅度,IS 曲线的移动幅度要小于 BP 曲线的移动幅度。其经济学含义是,汇率变动对国内商品市场的影响要小于对国际收支的影响。这个结论是较为有用的,建议读者注意)

2. 在内外均衡分析的新框架(P-e 模型)内,推导内部均衡曲线和外部平衡曲线(用经常账户的平衡表示外部平衡即可),在此条件下,为什么内部均衡曲线的斜率大于外部平衡曲线的斜率?

答:推导内部均衡曲线和外部平衡曲线需要几个基本假设:① 马歇尔-勒纳条件成立,即进口商品和出口商品的需求价格弹性

之和大于1,并且闲置资源存在,从而,本币贬值能够改善国际收支,并带来国民收入的增加;② 国内吸收倾向小于1,即随着国民收入的增加,本国的消费、投资等需求也会增加,但是增加的数量小于国民收入增加的数量,其差额会转化为净出口;③ 假设社会的总供给不变,总需求的变动只会造成价格的改变,而不会带来产出的变动。

(1) 内部均衡曲线的推导。

内部均衡可以用本国的总供给等于总需求来表示。以 Y 表示产出即总供给,它在短期内是不变的。以 D 表示总需求,它是国内吸收 A 和经常账户余额 CA 之和,有

$$D = A + CA \tag{4.8}$$

物价上升会使需求下降,从而国内吸收是物价的减函数。当本国物价上升,本国出口品价格相对上升,外国对本国出口品的需求下降,经常账户余额 CA 减少;当本币贬值,本国出口品价格相对下降,而外国进口品价格相对上升,外国对本国出口品需求增加的同时,本国对外国进口品的需求下降,从而经常账户余额会增加,所以经常账户余额是物价 P 的减函数、是汇率 e 的增函数。因此有

$$A_P = \frac{dA}{dP} < 0, \ CA_P = \frac{\partial CA}{\partial P} < 0, \ CA_e = \frac{\partial CA}{\partial e} > 0 \tag{4.9}$$

内部均衡可以表示为

$$Y = D(P, e) \tag{4.10}$$

由隐函数求导法则,可以知道

$$\frac{\partial e}{\partial P} = -\frac{D_P}{D_e} = -\frac{A_P + CA_P}{CA_e} > 0 \tag{4.11}$$

这说明,在汇率和物价构成的二维平面中,内部均衡曲线斜率为正,它是一条自左向右朝上倾斜的曲线。含义是:本币贬值后,出口商品的国外价格下降,进口商品的国内价格上升,从而净出口需求上升,在总供给不变的情况下,只有国内价格上升以减少国内吸收,才

能使总需求等于总供给,达到内部均衡。在内部均衡曲线 IB 的右下方,内部经济面临的情况是物价过高、需求不足;而在 IB 的左上方,内部经济面临的是物价过低、需求过度。

(2) 外部平衡曲线的推导。

若以经常账户平衡定义外部平衡,则外部平衡可以表达成

$$CA = CA(e, P) = 0 \tag{4.12}$$

由隐函数求导,可知

$$\frac{\partial e}{\partial P} = -\frac{CA_P}{CA_e} > 0 \tag{4.13}$$

即用经常账户平衡定义外部平衡时,外部平衡曲线的斜率为正,在由汇率和价格构成的二维空间中是一条自左向右朝上倾斜的曲线。含义是:本币贬值(汇率上升)会使本国商品相对便宜、外国商品相对昂贵,从而出口增加、进口减少,出现经常账户顺差,对此,需要本国物价水平上升,以使本国和外国的相对价格回到原来的水平,消除经常账户顺差,恢复经常账户平衡。在外部平衡曲线 EB 的左上方,外部经济面临的情况是本币币值偏低、国际收支顺差;而在 EB 的右下方,外部经济面临的是本币币值偏高、国际收支逆差。

对比式(4.11)和式(4.13)就可以知道,在用经常账户平衡表示外部平衡的情况下,外部平衡曲线的斜率小于内部均衡曲线的斜率。从经济学意义上说,对内部均衡而言,价格水平上升,国内吸收和出口都会下降,从而需要本币较大程度的贬值、刺激出口才能重新实现内部均衡;而对外部平衡而言,价格水平上升,仅仅带来出口下降,从而本币所需贬值幅度较小。

3. 在短期内,根据内外均衡分析的新框架($P-e$ 模型),内外均衡失调包括哪几种?其自动调节机制是怎样的?为什么还有必要进行适当的政策调节?

答:根据内外均衡分析的新框架,IB 曲线和 EB 曲线交于点 O,O 点的价格-汇率组合能够实现内部均衡和外部平衡。在 O 点之

外,IB 曲线和 EB 曲线将 $P-e$ 平面划分为 4 个区间,其失衡状况如下图所示。

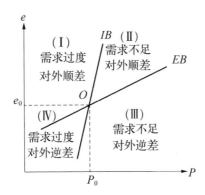

(a) 均衡汇率与均衡物价的偏离和调节

根据内部均衡曲线和外部平衡曲线的设定,经济从非均衡向均衡的回归途径可以是市场的自发调节。具体来说,当物价偏低、需求大于供给时,人们会纷纷购买商品,导致物价上升,需求重新等于供给;当本币币值过高、汇率偏低时,国际收支逆差,对外币的需求增加,导致本币贬值、汇率上升,国际收支改善。第一区间到第四区间中,纠正经济失衡的自动调节可归纳成下表。

宏观经济内外不均衡的自动调节

区间	物价和汇率水平（相对于均衡水平而言）	经济含义	自动调节路径
I	物价过低,汇率过高	需求过度,对外顺差	物价上升,本币升值
II	物价过高,汇率过高	需求不足,对外顺差	物价下降,本币升值
III	物价过高,汇率过低	需求不足,对外逆差	物价下降,本币贬值
IV	物价过低,汇率过低	需求过度,对外逆差	物价上升,本币贬值

虽然市场力量能够使内外不均衡向均衡水平回复,然而这样的调整未必是效率最高的方法。因为,随价格-汇率组合与均衡水平的位置不同,市场力量对价格和汇率的分别调整,可能会在一段时间

内,使物价或汇率更加远离均衡水平。把图(a)进一步划分成8个小区间,如图(b)所示。

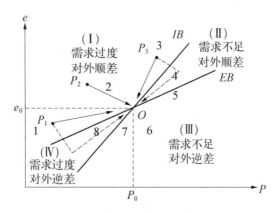

(b) 进一步细分的内外均衡调节

当物价和汇率水平处于小区间 1 内的点 P_1 时,由于总需求大于总供给,价格水平会在超额需求的推动下上升,向右运动;同时,国际收支存在顺差,本币升值,名义汇率会向下运动。然而,对比 P_1 的位置和均衡点 O 会发现,均衡点 O 的汇率水平高于点 P_1 的汇率水平。也就是说,从 P_1 向均衡点的调整过程中,名义汇率会出现先下降、后上升的现象(可能的调整路径如图中虚线箭头所示),出现汇率超调。

当物价和汇率水平处于小区间 3 内的点 P_3 时,同样,由于总需求大于总供给,价格水平会在超额需求的推动下上升,向右运动;同时,国际收支存在顺差,本币升值,名义汇率会向下运动。然而,对比 P_3 的位置和均衡点 O 会发现,均衡点 O 的物价水平低于 P_3 的物价水平。也就是说从 P_3 向均衡点的调整过程中,名义物价可能会出现先上升、后下降的现象(可能的调整路径如图中虚线箭头所示),出现物价超调。

当物价和汇率水平处于小区间 2 内的点 P_2 时,同样,由于总需求大于总供给,价格水平会在超额需求的推动下上升,向右运动;同时,国际收支存在顺差,本币升值,名义汇率会向下运动。对比 P_2

的位置和均衡点 O 会发现，均衡点 O 的物价水平高于 P_2 的物价水平、汇率水平低于 P_2 的汇率水平。也就是说从 P_2 向均衡点的调整过程中，物价和汇率都不会出现超调，自动调节机制的效率比较高。

以上的分析表明：在经济失衡后，经由市场力量自发进行的调整，虽然能够使经济恢复内外均衡状态，但大多数情况下，这种自发调整的效率并不高，调整的时间会延长，并且调整过程往往会出现超调现象，给人们的生产、交易决策造成困难，并带来经济的波动。基于上述这些事实，一旦经济出现失衡，政府应有针对性地进行物价和汇率的干预，促使经济尽快恢复内外均衡状态。譬如，当物价和汇率位于点 P_1 时，虽然经济存在顺差，但为了尽快恢复理想的内外均衡状态，货币当局就不应该让本币升值，因为升值虽然缩小了顺差，却会使经济调整的周期拉长。此时，配合价格水平较大幅度上升的节奏，本币适度贬值是一种最好的政策选择（如图中实线箭头所示）。显然，从内部均衡和外部平衡的综合角度看待经济表现时，对汇率的适当管理是必要的，是对市场机制的有益补充。

（说明：读者可能对自动调节机制中需求和物价的负相关关系存有疑问，对此的解释是，在内外均衡短期分析的新框架内，自动调节机制存在的关键在于：需求是物价的减函数，当价格被某些外生因素控制在某个水平时，根据这一价格产生需求，而一旦允许价格变动，则价格会自发调整，使需求等于供给。与之相对的，常见的另一种设定则是：物价是需求的增函数，当需求被某些外生因素控制在某个水平时，根据这一需求，以及货币数量、供给数量等，产生价格；当需求过度时，"过多的金钱追逐过少的产品"，价格会高于均衡水平，在需求过度的调节过程中，随着需求的下降，价格会出现下降）

第五章 内部均衡和外部平衡的中长期调节

一、判 断 题

1. ×。在中期跨度内劳动生产率不变,需求增长和闲置生产要素的利用是经济增长的主要推动因素。

2. ×。本币贬值会吸引外国投资,增加资本供给,并增加本国就业和产出水平。

3. √。

4. ×。本币升值时,内涵型增长的比例会相对上升;本币贬值时,外延型增长的比例会相对上升。

5. ×。图中的交点是示意性质的,表示外延经济增长与内涵经济增长的贡献保持适当的比例。

6. ×。在中期跨度内,当需求上升时,可以令本币贬值,以使增长能够继续;但长期的经济增长不能只依靠外延经济,因此,从长期讲,当外延经济以较高速度增长时,应当令本币升值,以促进内涵经济获得平衡的增长。

7. √。

8. ×。在长期内,仅仅靠汇率一个手段,不能同时实现内部均衡(外延经济和内涵经济的平衡增长)和外部平衡。

第五章　内部均衡和外部平衡的中长期调节　189

9．×。
10．×。

二、不定项选择题

1．AC　2．AD　3．ABCD　4．ACD　5．ACD　6．BCD
7．C　8．BC

三、简　答　题

1．在中期跨度内，经济增长的动力是供给因素还是需求因素？为什么？这样的经济增长受到什么约束？

答：在中期内，本国的生产和供给能够随着需求变动进行调整，这种调整的含义是，在生产要素存量和生产率一定的情况下，需求增加，使物价上升，而物价上升又会使闲置生产要素被投放到生产中，从而改变产出。因为商品市场需要出清，所以只有当需求上升时，才能相应地提高供给，因此，经济增长的动力是需求因素。

在中期内，能动用的生产要素存量和生产要素的利用效率是一定的，从而，潜在产出也是不变的。在需求低于潜在产出的情况下，随着需求上升，经济能够增长；在需求超过潜在产出的情况下，需求的上升只能带来物价的提高，因此，经济增长受潜在产出约束，即受全社会已有生产要素总量和生产要素利用效率的约束。

2．在中期内，当本国需求上升导致产出上升时，为实现外部平衡分析，本币汇率应当如何变动？请使用汇率决定的弹性货币分析法重新分析产出上升时的汇率变动，其结论是否一致？为什么？

答：国内需求的上升，部分反映为对商品进口需求的上升，这带来进口增加和国际收支余额下降。因此，需求增加后，本币需要适应性的贬值,从而使本国商品相对于外国商品更便宜,出口出现适应性的增加,实现国际收支平衡。

根据弹性货币分析法的基本公式

$$e = (m_d^s - m_f^s) - \alpha(y_d - y_f) + \beta(i_d - i_f) \quad (5.1)$$

即当本国产出 y_d 上升时,本币应当升值。

出现结论不一致的原因在于:第一,本章所进行的中期分析使用了流量观点,将产出变动的原因归结为需求变动,在产出变动的过程中出现了国际收支余额下降,从而需要货币贬值;而弹性货币分析法中所讨论的产出变动是外生的,根据存量观点,产出的增加会增加货币需求,进而改善国际收支,从而货币升值。第二,弹性货币分析法中,汇率决定的根据是购买力平价,因为在产出增长后,货币供应没有变动,才会得到本币升值的结论;但在本章所进行的中期分析中,货币贬值的同时,本国价格也有上升,这表明,货币供应量也发生了变动,如果将货币供应量和价格的变动考虑进来,那么,弹性货币分析法所得出的结论,应该和本书所分析的相一致。

3. 当外生的要素供应增长发生,外延经济增长快于内涵经济增长时,为实现可持续增长,汇率水平应当怎样变动?

答:为实现可持续增长,外延经济增长和内涵经济增长需要保持适当的比例。将外延增长曲线和内涵增长曲线放在同一个坐标系中,外延增长曲线和内涵增长曲线的交点,表示的是外延型增长与内涵型增长的适当比例。即在经济增长的过程中,要素投入的增加与劳动生产率的提高都作出了基于国情的适当贡献,其交点的纵坐标,表示两类经济增长

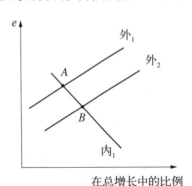

外延经济增长和内涵经济增长的合意比例

达到合意比例时的汇率水平。

当外生的要素供应增长发生时,在同等的汇率水平下,投入生产的要素增加了,从而产出上升,外延增长曲线(外$_1$)向右移动(外$_2$)。如果汇率保持不变,则外延经济对经济增长贡献的比例就会增加,以至偏离合意的比例。为了使外延经济与内涵经济平衡增长,名义汇率需要下降到点 B 的位置,本币升值,这样才能把要素供应增加带来的快速增长,一部分用来实现生产效率的提高,促进内涵经济的增长。

4. 如何理解"外延增长曲线和内涵增长曲线的交点并不表示外延增长的贡献与内涵经济增长的贡献正好是 1∶1 的关系,而是表示两者的比例达到了基于国情的平衡"?

答:单独的外延增长曲线(或内涵增长曲线),其横坐标表示的是,在要素利用效率(或要素投入数量)不变情况下的经济增长水平。但将两条曲线放在一起时,由于要素利用效率和要素投入数量都会发生变化,所以横坐标就不能表示水平,只能表示两种增长方式对经济增长的贡献率。我们不妨假设,外延增长曲线和内涵增长曲线可以表示为

$$y_{外} = y_{外_0} + a_1 e, \quad a_1 > 0 \tag{5.2}$$

$$y_{内} = y_{内_0} + a_2 e, \quad a_2 < 0 \tag{5.3}$$

其中,小写的 y 表示对经济增长的贡献率。

我们进一步假设,合意的外延增长和内涵增长比例为 α,则达成这一比例的汇率水平应当满足

$$y_{外_0} + a_1 e = \alpha(y_{内_0} + a_2 e) \tag{5.4}$$

从式(5.2)和式(5.3)可知,这一汇率水平应当位于外延增长曲线和旋转了的内涵增长曲线的交点上。也就是说,只要对外延或内涵曲线作适当的旋转,它们交点所对应的汇率水平,就是达成合意外延增长和内涵增长比例的汇率水平。而从简单示意的目的出发,直

接使用外延和内涵曲线的交点表示均衡汇率水平(基于国情的平衡)也就有了逻辑上的依据。

5. 本币升值时,国内资源节约的途径包括哪些?

答:本币升值能够从以下几条途径促进国内资源的节约:

(1)当本币升值时,本国出口产品的国际定价如果能同比上升,则意味着贸易条件改善,出口同量资源能换回更多的外国资源,从而国内资源消耗下降。

(2)当本币升值而本国出口产品的国际定价完全不能上升时,将迫使企业提高生产效率(通过自主创新或引进技术)、降低成本,单位产品的资源消耗下降,从而国内资源消耗减少。

(3)当本币升值而本国产品的国际定价只能部分上升时,一方面由于国际售价的提高和贸易条件的改善,使出口同量商品(资源)能换回较多外国资源;另一方面国际定价上升不到位,仍会迫使企业提高效率和降低费用。这两方面都会促进国内资源节约。

此外,在特定的条件下,企业还能通过改变产品设计、拓展销售渠道、向海外转移生产、运用集体定价权等种种方式来降低生产成本、节约国内资源、改善贸易条件。

6. 长期内货币的经常贬值会导致本国产业结构低端化的结论是如何得出的?

答:贬值导致本国产业结构低端化需要较多的假设,包括:

(1)高端产品的需求收入弹性较高,低端产品的需求收入弹性较低。

(2)本国的货币供给保持不变。

(3)要素向不同行业的配置受价格影响。

当贬值尤其是连续贬值发生后,由于货币供给不变,会使本国的实际收入下降。由于高端品的需求/收入弹性更大,因此,高端品的需求随收入下降而下降的幅度大于低端品,并进而引起高端品的价格下降幅度更大,于是,资源从高端品行业流出更多,高端产业萎缩更多,高端产业占比下降,出现连续贬值带来的产业结构低端化。

7. 当本国的劳动生产率增长高于外国,同时,本国的要素供应增长又过分高于本国劳动生产率的增长,此时,为实现内部均衡和外部平衡,本国的汇率水平应当如何变动?找一个实例来说明这两者是否存在冲突。

答:当本国的要素供应增长过分快于本国劳动生产率增长时,本国外延经济增长的比例提高,为实现内部均衡,本币应当升值,以促进内涵经济增长。当本国的劳动生产率增长高于外国时,本国商品竞争力上升,为实现外部平衡,减少国际收支顺差,本币也应当升值。

中国2000—2005年的经济运行大致属于这一情况,因此,人民币适度升值不但是实现外部平衡的需要,也是内部均衡调整的需要,这两者在方向上不存在冲突。但同时还要注意,实现内部均衡和外部平衡所需要的升值幅度可能是不一致的。如果以实现外部平衡为目标,则人民币升值幅度可能会过高,导致本国外延经济衰退,出现经济萧条、失业率上升等内部不均衡的情况。

8. 假设企业总根据资本和劳动的相对价格,选择成本最低、产出最高的生产技术,那么,如果资本和劳动的相对价格不变,当企业想要扩大生产规模时,企业所采用技术的要素密集程度会怎样变化?生产规模扩大到什么程度时,资本存量约束会带来效率的损失?

答:在本题的假设下,企业原有的生产技术中所使用的资本和劳动比例,已经是原有相对价格下最优的了,因此,当资本和劳动相对价格不变时,如果企业要扩大生产规模,它就会继续复制目前的生产技术,从而,要素密集程度不变。

假设在原有生产技术水平上,产出为 Y 时,最优的资本数量为 K^*,最优的劳动数量为 L^*,则 K^* 和 L^* 都是 Y 的增函数,可以表示为 $K^*(Y)$ 和 $L^*(Y)$。如果资本存量约束 $\bar{K}$,企业希望扩大生产规模到 Y',且 $K^*(Y') > \bar{K}$,那么最优资本数量就不能得到满足,出现效率的损失和劳动对资本的替代。

四、论述题

1. 以本国国内需求上升为例,探讨内部均衡曲线和外部平衡曲线移动的具体过程和原因。

答:(1) 内部均衡曲线移动的条件和机理如下:

① 当总需求上升时,国内总供给在短期内保持不变;

② 总需求上升、总供给不变导致本国物价水平上升;

③ 在物价水平上升后,本国总供给增长,总需求的上升一部分被总供给的增长所满足,另一部分仍然转化为物价上升;

④ 在本节对内部均衡曲线的研究中,假定劳动生产率不变。

具体来看,国内需求 D 可以写作

$$D = \bar{A} + A + CA, \quad \frac{\partial D}{\partial \bar{A}} > 0, \quad \frac{\partial D}{\partial P} < 0, \quad \frac{\partial D}{\partial e} > 0 \quad (5.5)$$

其中,$\bar{A}$ 表示自主性吸收(包括自主性消费、自主性投资和自主性政府支出),A 表示自主性吸收之外,随物价上升而下降的国内吸收。根据式(5.5),内部均衡方程可以表示为

$$Y = D(\bar{A}, P, e) \quad (5.6)$$

在国内总供给短期不变,即 Y 是常数的情况下,由隐函数求导法则可以知道

$$\frac{\partial e}{\partial P} > 0, \quad \frac{\partial P}{\partial \bar{A}} > 0, \quad \frac{\partial e}{\partial \bar{A}} > 0 \quad (5.7)$$

由式(5.6)所规定的 IB 曲线表示在图(a)中,IB 曲线斜率为正。由式(5.7)可知,随着国内自主性吸收的增加(如政府扩大支出或居民消费需求上升),IB 曲线将向右移动,在图(a)中表示为从 IB_1 移动到 IB'。这一移动的经济含义是:随着自主性需求(自主性吸收)

的增加,供给不能满足需求,从而在相同的汇率水平下,市场物价提高,使需求(随物价上升而下降的那部分国内吸收)下降适应供给,从而商品市场恢复均衡。从汇率变动的角度也可以解释 IB 曲线的移动,当国内需求上升,而供给没有增加时,本币升值(汇率下降)能减少净出口,从而使更高比例的产出用来满足国内需求,达到内部均衡。

物价的上升经过一个稍长的时间将会刺激国内供给的增加,从而需求的增加一部分由供给的增加满足,内部均衡在更高的产出水平上实现。在 Y 可变的情况下,对式(5.6)使用隐函数求导法则,得到

$$\frac{\partial P}{\partial Y} < 0 \qquad (5.8)$$

供给增加带来的 IB 曲线移动,在图(a)中反映为 IB 曲线从 IB' 的位置左移,到达 IB_2 的位置。其含义为:产出的增加满足了一部分需求的上升,物价有所回落。从汇率变动的角度来看,国内供给的增加,在满足一部分国内需求的同时,也使出口供给能力有所上升,从而本币可以适度贬值以增加出口需求。

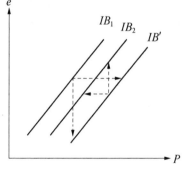

(a) 内部均衡曲线的移动

从图(a)中可以看到,在总供给对总需求的变动能作出适应性反应的情况下,国内总需求的增加反映为 IB 曲线先右移、后左移,即国内物价先上升、后下降,本币先升值、后贬值。图(a)中,IB_2 相对于 IB_1 的距离,随总供给对总需求变动的反应程度而有不同,如果总需求变动带来较大比例的总供给变动,则 IB_2 曲线相对于 IB_1 的距离会较近;反之,则较远。但一般而言,总需求的增加不会完全被总供给的增加所吸收。也就是说,在只考虑内部均衡的情况下,国内总需求增加会带来产出的增加、物

价的上涨和本币的升值。

(2) 外部平衡曲线的移动。

在国内总产出可变的情况下,国际收支余额(在这里用经常项目收支余额表示)是产出 Y 的减函数,即

$$\frac{\partial CA}{\partial Y} < 0 \tag{5.9}$$

在国际收支平衡,即 $CA = 0$ 的要求下,可以得到

$$\frac{\partial P}{\partial Y} < 0, \frac{\partial e}{\partial Y} > 0 \tag{5.10}$$

即随着产出增加、进口需求上升,为了达到国际收支平衡,需要本国出口商品价格下降和本币贬值,以提高出口需求。

当本国国内需求上升时,一方面,国内供给如前所述,会对需求作出反应,国内产出增加;另一方面,外部平衡曲线 EB 也会因为产出增加而移动,如图(b)所示,从 EB_1 左移到 EB_2,即国内商品价格下降、本币贬值。

(b) 外部平衡曲线的移动

2. 在衡量生产效率时,为什么可以用劳动生产率来代替全要素生产率作为效率的近似指标?它有什么优势和不足?请使用柯布-道格拉斯生产函数解释。

答:柯布-道格拉斯生产函数形式表示为

$$Y = AL^{\alpha}K^{1-\alpha} \tag{5.11}$$

其中,L 代表劳动,K 代表资本,这是生产所使用的要素,α 和 $(1-\alpha)$ 分别是劳动和资本的产出弹性,A 代表技术状态,被称作索洛

残差或全要素生产率(Total Factor Productivity，TFP)。在理论上，A 是生产效率的代表，生产效率提高反映为 A 的提高。

将劳动生产率用 G 表示，它是产出和劳动投入的比，即 $G = \dfrac{Y}{L}$。由式(5.11)可知

$$G = \frac{Y}{L} = A\left(\frac{K}{L}\right)^{1-\alpha} \tag{5.12}$$

其中，$\dfrac{K}{L}$ 就是人均占有的资本水平，可以用 C 表示。对式(5.12)取对数并差分后，得到

$$\Delta g = \Delta a + (1-\alpha)\Delta c \tag{5.13}$$

其中，小写字母是对应大写字母的对数值。可以看到，劳动生产率的增长有两个来源：一个是人均资本存量的增加，一个是全要素生产率的提高。对于中国这样一个具有典型二元特征的国家来说，人均资本存量提高的主要途径是劳动力从农村向城市的转移，从资本密集度较低的农村生产方式转变为资本密集度较高的城市生产方式，这一过程本身也可以看作是生产方式的改进。因此，用劳动生产率衡量经济的内涵增长，在中国的二元结构特征依旧明显存在时，具有一定的合理性。在实践中，产出水平和要素投入数量是容易统计的变量，但全要素生产率需要在对模型参数进行估计的基础上计算出来，统计口径往往不一致，因此可以使用劳动生产率来代替全要素生产率，近似地衡量内涵型经济增长。

使用劳动生产率来衡量内涵经济增长的缺陷在于它可能将过度工业化误解为内涵经济增长。对于一个二元化的国家来说，过度工业化意味着一方面劳动力价格低廉，且存在着无限供给；而另一方面，则是部分产业或者地区更多地使用资本来替代劳动，导致资本的边际产出较低。这种情况不是技术的进步，而是资源的浪费。

3. 请简述增长条件下的汇率模型在资源角度的拓展。

答：在增长条件下的汇率模型中，本币贬值会促进外延型经济增长，本币升值会促进内涵型经济增长。

外延型经济增长就是依靠要素投入增加而实现的增长，而生产要素从自然物的观点看，就是一系列的资源。由此我们得知，外延经济增长与资源消耗的增长存在正相关关系。进而可知，当本国货币贬值时，本国资源消耗上升，外延经济增长加快，外延经济增长也可称作资源驱动型经济增长。

资源驱动型经济增长的反面，是本币升值带来的资源消耗减少。这种减少一方面反映为数量的减少，另一方面反映为资源的节约、资源利用效率提高。在这个意义上，这和依靠生产率提高而实现的内涵经济增长具有一致性，内涵经济增长也可称为资源节约型经济增长。

如果将资源分为本国和外国资源，那么，在本国产出水平一定，即资源消耗总量既定的情况下，来自国内和国外的资源消耗此消彼长，而汇率变动则具有资源消耗转换的效应：本币贬值引起国内资源相对便宜，则国内资源的消耗相对增加；本币升值引起国外资源相对便宜，则本国生产所使用的国外资源相对增加（或者就是本国所能交换和利用到的国外资源相对增加）。因此，资源驱动型经济增长是更多依赖本国资源的经济增长，资源节约型经济增长是更多利用外国资源的经济增长。

如果将资源细分为劳动力资源和自然资源，那么还有必要考虑资源消耗的内部结构。对于劳动力资源相对丰富、自然资源相对紧缺的国家而言，资源驱动型和资源节约型的经济增长都存在可持续性问题。前者若持续下去，会使国内自然资源较快枯竭，并且价格相对上涨；后者若持续下去，会对国内劳动力的就业造成压力。因此，汇率水平的选择实际上就是在本国一定的资源禀赋基础上，对自然资源节约和扩大劳动就业进行的权衡，它需要使自然资源消耗和劳动力资源消耗获得平衡，最终目的是要实现可持续的经济增长。

4. 请以经济的可持续增长为条件,推导长期条件下的内外均衡模型,并以发生外生技术进步冲击为例,讨论汇率与内外均衡的关系。

答:在长期内,内部均衡的主要目标是实现本国经济的可持续增长。具体说,就是要促使要素投入的增长(外延经济增长)和生产效率的增长(内涵经济增长)相平衡。

为实现可持续增长,当技术进步的冲击发生,内涵经济增长相对较快时,本币需要贬值以促进外延经济平衡增长;当要素增长的冲击发生,外延经济增长相对较快时,本币需要升值以促进内涵经济平衡增长。因此,在图(a)所示平面内,长期的内部均衡曲线向右上倾斜,它表示了在不同类型冲击下,为实现内部均衡,汇率水平所需作出的反应和调整。

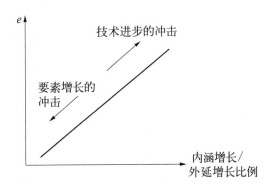

(a) 长期的内部均衡曲线

在长期内,外部平衡仍然反映为本国的国际收支平衡。国际收支的长期平衡取决于本国和外国商品的相对竞争力,可以用劳动生产率对比决定的实际汇率 R 来衡量,即

$$R = e \frac{w_f}{w_d} \frac{a_d}{a_f} \tag{5.14}$$

假设两国的工资水平不变,则 R 的变动取决于名义汇率的变动和两国劳动生产率对比的变动。当本国技术进步持续快于外国,即

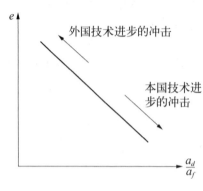

(b) 长期的外部平衡曲线

本国劳动生产率上升更快时，$\dfrac{a_d}{a_f}$ 上升，由式（5.14）可知，R 也会同步上升，本国货币实际贬值，本国产品价格相对便宜，出现国际收支顺差。为消除顺差，名义汇率 e 值需要下降。同理，当外国技术进步持续快于本国时，名义汇率 e 值需要上升。因此，在图（b）所示平面中，长期外部平衡曲线向右下倾斜，它刻画了在本国或外国发生技术进步冲击的情况下，为维持国际收支平衡，汇率水平需要作出的反应。

将图（a）和（b）合并以比较内部均衡和外部平衡所要求的汇率关系，如图（c）所示。图中第一象限表示的是内部均衡，第二象限表示的是外部平衡。初始的劳动生产率（技术水平）所对应的内涵增长/外延增长比率在第一象限内表示为 a_0，其对应本国/外国劳动生产率对比在第二象限内表示为 a_0，在这样的技术水平上内部均衡和外部平衡所要求的汇率水平相等，记作 e_0。即在初始状态下，内部均衡和外部平衡同时实现。

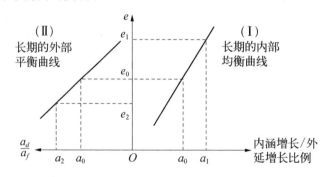

(c) 本国长期内外均衡下的汇率模型

与短期和中期不同,在长期内,使内部均衡实现的汇率水平和使外部平衡实现的汇率水平,都是由实际冲击分别决定的。因此,对于特定的实际冲击,内部均衡所需的汇率和外部平衡所需的汇率有可能出现偏离。

当本国发生正向技术冲击时,一方面,本国内涵增长对经济增长的贡献比例发生提高,反映为第一象限内内涵增长与外延增长的比例从 a_0 右移到 a_1 所示位置。为促进外延经济平衡增长,实现内部均衡,汇率应沿着内部均衡曲线而向上移动,本币应贬值到 e_1 的水平。另一方面,本国技术正向冲击使本国劳动生产率相对于外国劳动生产率更快增长,反映为第二象限内两国劳动生产率对比从 a_0 左移到 a_2 所示位置。为实现外部平衡,汇率应沿着外部平衡曲线而向下移动,本币应升值到 e_2 的水平以消除国际收支顺差。

显然,在图(c)中,$e_1 \neq e_2$。也就是说,对政府而言,如果它希望用汇率手段来实现内部均衡,那么它会选择的汇率水平为 e_1,并用其他手段来解决外部不平衡;如果它希望用汇率手段来实现外部平衡,那么它会选择的汇率水平为 e_2,并用其他手段来解决内部不均衡;如果它希望兼顾内部均衡和外部平衡两个目标,那么它只能在区间(e_1,e_2)中选择一个汇率水平,但这个汇率水平既不能实现内部均衡,又不能实现外部平衡,其不足的部分仍然需要其他政策手段来补充。

根据长期内外均衡的汇率模型,在长期内,内部均衡所要求的汇率水平与外部平衡所要求的汇率水平取决于冲击的性质和水平,单一的汇率手段不可能同时实现内部均衡和外部平衡。政府可以根据其对就业水平、国际收支可维持性、内涵经济与外延经济平衡增长等目标的不同偏好,选择一个汇率水平,以较好地实现政府在特定时期的主要目标。譬如,在就业压力已经较大的情况下,当技术进步发生时,政府应选择靠近 $\overline{e_1}$ 的汇率水平,以此来促进外延经济的增长,进而促进就业;而在经济发展较为稳定的阶段,政府应选择靠近 $\overline{e_2}$ 的汇率水平,以使国际收支顺差减小或达到平衡,同时使本国在国际经济交流中用较低的代价换取外国的产品,提高本国居民的生活和福利水平。

第六章　外汇管理及其效率分析

一、判　断　题

1. ×。根据蒙代尔-弗莱明模型,在固定汇率制度下,财政政策相对有效,货币政策相对无效。

2. ×。资本外逃与资本流出不同,它是由于恐惧、怀疑或为规避某种风险和管制所引起的资本向其他国家的异常流动。为了正常投资目的,通过正常途径进行的资本流出不属于资本外逃。

3. √。

4. ×。按照国际货币基金组织的定义,一国若能实现贸易账户和非贸易账户(即经常账户)下的货币自由兑换,该国的货币就被列为可兑换货币。

5. √。

6. √。

7. ×。实行固定汇率制度,货币当局需要使用外汇储备来应付本币可能的贬值压力,从而应拥有较多数量的国际储备,尤其是外汇储备。

8. ×。在浮动汇率制下,理论上货币当局不需要动用外汇储备来稳定汇率。

9. ×。再贴现是商业银行把贴现过的票据向中央银行再次贴现。

10. √。
11. √。
12. ×。
13. √。
14. ×。
15. ×。

二、不定项选择题

1. ABD

2. ABCD（说明，此题需要综合考虑各方面因素。在外汇市场干预来促使本币升值的具体做法是买入本币并卖出外币。第一，这一做法需要有外汇储备作为支持，在操作过程中会引起外汇储备减少，如果外汇储备或国际借贷短缺，就无法实行；第二，这一过程中，本国货币供给减少，会加剧本国通货紧缩；第三，这会带来本国利率上升，增加发行国债融资的成本；第四，如果未实现严格兑换管制，那么，当本币币值被人为高估时，本国居民就会对本币贬值具有预期，从而将大量本币按目前的官方汇率兑换成外币，转移到国外，并等待本币贬值后重新兑换成本币以套利）

3. B;A 4. A 5. ABCD

6. BC（说明，央行买入外汇导致本国货币供应增加，如果要冲销，应当是在国债市场卖出国债，收入货币，或者向商业银行发行定向票据；反之亦然。将已有的国债正回购协议转换为央行票据，这一行动本身并没有改变本国货币供应量）

7. BCD 8. C;B 9. BC 10. BC 11. BD 12. CD

三、简答题

1. 什么是开放经济的三元悖论？

答：开放经济的三元悖论是蒙代尔-弗莱明模型在资本完全流动条件下的一个特例，其含义是：在维持固定汇率制度、允许资本自由流动和保持货币政策独立性三个目标间，只能同时实现两者。具体来说，在固定汇率制度下，为维持固定汇率制度，本国货币当局必须随外资流入或流出而吞吐基础货币，这会使一国的货币供应量受资本进出的影响，本国无法维持与国际利率水平的差距，货币政策失去独立性；如果要维持货币政策的独立性，并允许资本自由流动，就必须同时允许汇率自由浮动；如果既要维持固定汇率制度，又要执行独立的货币政策，就要限制由于国内外利率不同而发生的资金流动。这一结论就是著名的三元悖论（Mundellian Trilemma 或 Impossible Trinity）。

2. 简述货币局汇率制度的内容、稳定机制和优劣。

答：货币局制（Currency Board）是指在法律中明确规定本国货币与某一外国可兑换货币保持固定的兑换率，并且对本国货币的发行作特殊限制以保证履行这一法定的汇率制度。它通常要求货币发行必须以一定（通常是百分之百）的该外国货币作为准备金，并且要求在货币流通中始终满足这一准备金要求。这一制度中的货币当局被称为货币局，而不是中央银行。

货币局制度是固定汇率制度的一个特例。或者说，是一种极端的固定汇率制度，本国的货币不但在汇率上和外币挂钩，而且货币发行量的多少不再听任货币当局的主观愿望或经济运行的实际状况，而是取决于可用作准备的外币数量的多少。只要货币当局遵循规则发行货币，在理论上就能够保持货币的汇率稳定；而且，当市场汇率偏离官方兑换水平时，以本国货币币值上升为例，发钞银行就可以在外汇市场上将本币换成外币,再向货币局按官方兑换水平将外币换成本币,从中获利,这一过程将使外汇市场上本币贬值,汇率恢复到官方兑换水平。

在货币局制度下,货币当局失去了货币发行的主动权,但可以有效地约束政府的支出,并防止人为制造的通货膨胀。

3. 什么是汇率目标区制度下的"蜜月效应"和"离婚效应"?

答:汇率目标区制是指将汇率浮动限制在一个区域内(如中心汇率的上下各10%)的汇率制度。政府公布希望保持的中心汇率,当汇率波动超出目标区上下界时,政府将会进行干涉,使汇率重新进入目标区。

在汇率目标区制度下,交易者的行为与政府对目标区承诺的可信度有关。假定交易者确信汇率目标区是可信的,政府在市场汇率变动到目标区的上下限时,会进行有效的逆向干预。那么,以本币贬值为例,当本币汇率(直接标价法)上升到目标区上限附近时,交易者预期到政府将会干预,本币将会升值,为了获得收益,交易者会在外汇市场上买入本币、抛出外币,从而自发导致本币升值,汇率向中心水平接近,政府从而也就无需实际干预外汇市场。本币升值的情况也是类似的。在政府承诺可信的前提下,目标区下的市场汇率围绕着中心汇率上下波动,当离开中心汇率至一定程度后,便会自发向之趋近,这一情形正如情侣在短暂分离后必然期待重聚,因此被形象地称为"蜜月效应"(Honeymoon Effect)。

汇率目标区下的汇率变动还存在另外一种情况,那就是由于经济基本面向某一个方向的变动程度很大且已表现为长期的趋势、市场交易者普遍预期汇率目标区的中心汇率将作较大的调整时,此时政府维持汇率目标区的承诺不再具有普遍的可信性。在这种情况下,投机发生,市场汇率波动将不再自动倾向或回归于中心汇率。相反,两种力量的较量使此时的汇率波动非常剧烈,与前面的分析相对应,这一汇率变动情况正如情侣们发现存在根本上的性格不合,从而不再期待婚姻的持续,因此被称为"离婚效应"

(Divorce Effect)。

4. 什么是影子汇率？试对影子汇率制度进行效率分析。

答：影子汇率是附在不同种类进出口商品之后的一个折算系数，当出口商持外汇向货币当局换汇时，根据其出口商品种类，实际交换的汇率为官方汇率乘以对应的折算系数。由于不同种类的进出口商品往往具有不同的影子汇率，故影子汇率构成实际上的复汇率。

用一个简单的模型来对影子汇率政策造成的价格扭曲和隐性补贴进行效率分析。如下图所示，假设一国有两个经济部门，一个生产内销商品，一个生产出口商品，一国的生产要素（用资本代表）在两个部门间进行分配，总量为 K，当两个部门的资本边际产出相等时，资本流动稳定下来，两个部门分别拥有的资本为 K_0 和 $(K-K_0)$。此时，社会的总产品为梯形 $ABOK_0$ 与梯形 AK_0OC 面积之和。

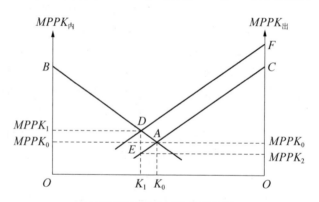

影子汇率制度的经济效率分析

假设国家为了鼓励出口，对出口部门用影子汇率的形式进行补贴，同等的产出水平下，出口产品换汇后，出口部门能有更高的收入，从而，出口部门在核算成本、收益和投资额时所面临的是价格曲线 FD 而非边际产出曲线 CA；但内销部门面临的边际产出曲线不变。可以看到，在 K_0 和 $(K-K_0)$ 的资本分布下，出口部门的边际货币收入高于内销部门，国内资本为了获得更高的收益，向出口部门转移，资本流动的稳定点移到 D 点,直到两个部门分别拥有的资本为 K_1 和 $(K-K_1)$。然而,影子汇率只是让出口部门能够有更高的边际货币收入,但它的实际边际产出并没有变化,在 K_1 和 $(K-K_1)$ 的资本分布情况下,内销部门和出口部门的边际产出分别为 $MPPK_1$ 和 $MPPK_2$。此时,社会的总产品为梯形 $DBOK_1$ 与梯形 EK_1OC 面积之和。可以证明,此时的社会总产品比实行复汇率制之前减少了,减少的面积为三角形 DEA。也就是说,对贸易部门实施的影子汇率制度,是以减少社会总产出和国内生产部门的产出为代价,来换取出口的增加和外汇的积累。

5. 简述货币当局在本国货币市场上对货币供应进行冲销的工具及其特点。

答:货币当局对货币供应进行对冲的工具主要包括国债和央行票据。

国债是财政部发行的债券,被中央银行买入后成为中央银行的资产。在冲销货币供应时,央行在国内债券市场上卖出持有的国债(具体操作时往往采用正回购协议的形式,即约定在一定期限后重新以某个价格买回国债),重新回笼货币。使用国债对外汇市场的干预进行冲销,需要有一个较为发达的国债市场,还需要中央银行持有较多数额的国债。如果国债发行数额相对于货币流通规模较低、中央银行持有的国债数量较少,运用国债来进行冲销干预就会存在一定局限。

中央银行在货币市场冲销的另一种工具是央行票据,即中央银行向商业银行发行的短期债务凭证。从本质上说,央行票据是中央银行自己创造的短期负债,其目的不在于筹集资金,而在于减少商业银行的可贷资金,控制信贷扩张。因此,央行票据通常定向发行,直接从商业银行体系中吸收超额准备金,减少货币供应。相对于国债而言,央行票据更加灵活一些。但由于央行票据是有息的,所以大量使用央行票据对外汇干预进行冲销,会增加中央银行的财务成本,并且,票据的利息最终也会带来货币供应量的增加。

6. 在金银复本位制下,有一个著名的命题是"劣币驱逐良币";而在当代某些发展中国家出现的货币替代现象,则可以称作"良币驱逐劣币"。这两者之间存在矛盾吗?为什么?

答:这两者并不存在矛盾。它们都与货币的职能稳定性有关。

在金银复本位制下,金银都是法定货币,并且有官方的兑换比率,因此,白银仍然能够执行流通手段职能。但是,在白银产量增长速度高于黄金,其作为商品的价格下降的情况下,居民对未来白银购买力的稳定性存在质疑,因此选择以白银作为流通手段、用黄金作为储藏手段,流通中的货币呈现出"劣币驱逐良币"的情形。

在某些发展中国家出现的货币替代现象分为两个层次。第一个层次是外国货币代替本国货币充当储藏手段,这和"劣币驱逐良币"描述是同一个情况,只是视角相反而已;第二个层次是外国货币代替本国货币充当流通手段和价值尺度。这是因为本国通货膨胀率过高,货币当局又对货币使用缺乏足够控制,从而市场自发地排斥本国货币,使用外国货币,这种情况其实是货币价值不稳定程度进一步提高所带来的结果——如果货币在短期内具备稳定购买力或可兑换性,在长期内不稳定,则还能充当流通手段;如果在短期内也不具备稳定性,则在交易中就不会被接受,势必被具有稳定价值的外国货币全面代替职能。(另一种情况是官方实行固定汇率制度甚至是货币局制度,从而官方或半官方地允许外国货币的流通,但这一情况的起因,仍然是过去本国货币价值的高度不稳定)

四、论 述 题

1. 请对比浮动汇率制和固定汇率制的优点和缺点。

答:对比固定汇率制与浮动汇率制可以从三个方面进行。

(1) 实现内外均衡的自动调节效率问题。

固定汇率制与浮动汇率制最大的区别在于:出现国际收支不平衡后,经济恢复内外均衡的自动调节机制不同。在固定汇率制下,货币当局会在固定的汇率水平下,通过调整外汇储备来消除外汇市场上的供求缺口,并相应变动货币供应量,通过内部均衡的变动来对经济不平衡进行调节。而在浮动汇率制下,政府则完全听任汇率变动来平衡外汇供求,进而调节经济运行。

固定汇率制的内外均衡调节需要通过货币供应量的变动,影响本国的价格体系,相对于浮动汇率制的单一变量(汇率)调整而言,较为复杂和耗时。但是当本国国际收支不平衡是因为劳动生产率、经济结构等原因引起的时候,浮动汇率制仅仅使用汇率调节,会延误必要的总体调整,不利于本国长期竞争力的提高。

固定汇率制内外均衡调节需要政府制定出特定的政策组合,这一过程中存在的时滞等问题使其效率较低,而浮动汇率制的调节是自动的,具有灵活性。但是在浮动汇率制下,由于影响汇率的因素较多,可能反而会出现不利于内外均衡实现的汇率,而且,单一的汇率变动可能会不足以实现内外均衡。

固定汇率制下的国际收支调整,往往到了问题已经积累到相当程度时才发生,调整幅度一般较大,对经济的冲击也比较剧烈,相对于浮动汇率制缺乏灵活性和平滑性。但固定汇率制可以避免许多无谓的汇率调整,尤其是货币性干扰或投机性干扰所造成的国际收支失衡;而在资金流动对汇率形成具有决定性影响时,浮动汇率的无谓调整是很剧烈的,对经济的冲击也非常大。

固定汇率制宣布的汇率水平容易成为投机攻击的定量目标,而且还能为投机者提供抵补交易,这都增加了固定汇率制遭受攻击的可能;而浮动汇率制下,投机者的理性交易反而是促使汇率向均衡水平回归的。但是在非理性投机者存在的情况下,浮动汇率制下的交易很多呈现为增加市场波动;而固定汇率制下的汇率水平,从另一个角度看,又能够成为投机者对汇率调整目标的预期,使市场汇率水平具有"名义锚",从而减少波动。

(2) 实现内外均衡的政策利益问题。

汇率制度的不同导致了内外均衡实现过程中政策工具(主要是财政、货币政策)的运用方式也不同。在固定汇率制下,政府必须将货币政策运用于对汇率水平的维持,而在浮动汇率制下则无此限制。

在浮动汇率制下,政府能够把货币政策与财政政策专注于实现经济的内部均衡,并且,在理论上,浮动汇率制可以将外国的通货膨胀隔绝在外,从而独立制定有利于本国经济稳定与发展的政策。但单纯的汇率浮动,无论从浮动幅度而言,或者从政策搭配而言,都并不能无限制地解决外部平衡,也不可能完全隔绝外国的通货膨胀,这就降低了浮动汇率制的优势。

在浮动汇率制下,汇率不是政府能够随意控制(高估或低估)的变量,从而防止货币当局对汇率政策的滥用;而固定汇率制则可以防止货币当局对货币政策的滥用。在浮动汇率制下,货币政策相对有效,财政政策相对无效;而在固定汇率制下,财政政策相对有效,汇率政策相对无效。若与政府习惯采用的政策手段结合起来考虑,会对两种汇率制度的优劣评价产生影响。

(3) 对国际经济关系的影响。

固定汇率能够减少国际贸易、投资的不确定程度,但是为维持固定汇率,政府往往会采取一些直接管制措施,从而影响国际经济交往的自由度。浮动汇率制下管制较少,而且通过远期合约等形式,对于汇率风险也能做到一定程度的规避,但是规避风险本身有时也会有较高成本,尤其对发展中国家而言,对如跨国长期投资等活动是无法规避汇率风险的。

在浮动汇率制下,各国将本国国内经济目标摆在首位,易于利用汇率的自由波动而推行"以邻为壑"的政策,但汇率的大幅度波动往往会引起各国的关注,进而形成国际间的磋商协调,这在某种程度上反而会加强各国的政策协调。而对于固定汇率制度而言,由于本国可以执行一次性的汇率重估,所以也并没有能够彻底消除以邻为壑的可能性。

可以看出,固定汇率制度和浮动汇率制度各有特点,都不是十全十美的。就本质来说,这两种汇率制度的比较,实际上意味着在内外均衡目标的实现中对"可信性"(Credibility)与"灵活性"(Flexibility)的权衡,而这两者常常是不可兼得的。因此,从纯粹抽象的讨论来看,并不能简单得出哪种汇率制度更为优越的结论。

2. 假设本国货币当局为阻止本币贬值,在外汇市场上卖出外汇、买入本币,请分别使用蒙代尔-弗莱明模型和资产组合分析法,分析对此行为进行冲销式干预(假设冲销式干预在本国债券市场上以买入国债的形式进行)和非冲销式干预的效果。

答:(1)蒙代尔-弗莱明模型不区分本国债券和外币资产,只考虑货币供应总量。不妨假设国际收支只包括贸易收支,则 BP 曲线垂直。

对于非冲销式干预,如图(a)所示。当在外汇市场上卖出外汇、买入本币时,本国货币供应量下降,LM 曲线右移到 LM'。由题意知,原来本币存在贬值压力,所以原有的产出-利率组合位于 BP 曲线右侧,现在移动到 BP 曲线上,实现内外均衡,本国产出下降、利率上升、汇率不变,外汇市场的干预起到了期望的效果(稳定汇率)。

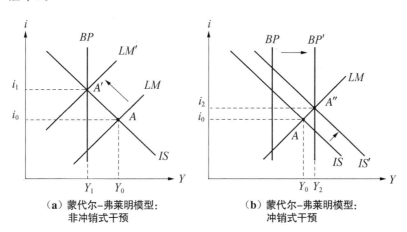

(a) 蒙代尔-弗莱明模型:非冲销式干预

(b) 蒙代尔-弗莱明模型:冲销式干预

对于冲销式干预,如图(b)所示。先在外汇市场上卖出外汇、买入本币,然后再在国债市场上买入国债、投放本币,最后本国货币供应量没有发生变动,LM 曲线、IS 曲线位置不变,本国的产出、利率仍然不变。但此时的产出-利率组合仍然位于 BP 曲线右侧,存在国际收支逆差。这意味着,根据蒙代尔-弗莱明模型,冲销式的外汇市场干预,无法使内外均衡同时实现,需要本币贬值,BP 曲线和 IS 曲线右移,才能实现内外均衡,此时产出和利率都上升,但是外汇市场干预并没有起到希望的效果(稳定汇率)。

(2)资产组合分析法将本国债券、外币资产和本国货币区别看待,对非冲销式干预而言,卖出外汇、买入本币使外币资产供给增加、本国货币供给减少,反映为在图(c)和图(d)中,FF 曲线都左移至 FF'。

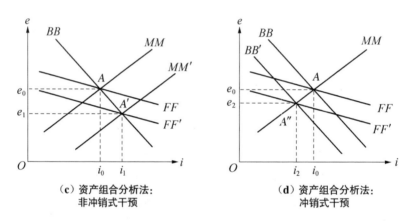

(c)资产组合分析法:非冲销式干预

(d)资产组合分析法:冲销式干预

在图(c)中,政府采用非冲销式干预。政府在外汇市场上的干预造成本国货币供应量减少,MM 曲线右移到 MM',而本国债券供给不发生变动,BB 曲线不变。MM' 与 FF' 交于点 A',根据资产组合模型的条件,本国货币市场和外币资产市场处于平衡时,本国债券市场必然也处于平衡之中,即点 A' 一定位于 BB 曲线上,点 A' 是新的均衡位置。点 A' 相对于点 A 而言,汇率从 e_0 下降到 e_1,利率从 i_0 上升到 i_1,这表明非冲销式干预通过增加外币债券市场的供给而实现了本币的升值(可以理解为是阻止了本币的贬值),同时紧缩了本国货币供应,带来了本币利率的上升。在资产组合分析法中,非冲销式干预对防止本币贬值是有效的,但要以紧缩本国经济为代价。

在图(d)中,政府采用冲销式干预,表明政府在外汇市场卖出外币资产的同时,在本国债券市场上买入等量本国债券、卖出等量本国货币,这使得本国货币供应量不变,MM 曲线不变,本国债券供给减少,BB 曲线左移到 BB',BB' 与 FF' 交于点 A''。根据资产组合模型的条件,本国债券市场和外币资产市场处于平衡时,本国货币市场必然也处于平衡之中,即点 A'' 一定位于 MM 曲线上,点 A'' 是新的均衡位置。点 A'' 相对于点 A 而言,汇率下降、利率升高,这说明冲销式干预也能够实现本币升值(阻止了本币的贬值)。但将图(c)中的点 A' 和图(d)中的点 A'' 对比,可以看到,与非冲销式干预相比,冲销式干预对汇率的影响较小,但因为降低了利率,而同时对本国经济有一定的扩张效果。

3. 利用蒙代尔-弗莱明模型,讨论资本完全不流动时,固定汇率制和浮动汇率制下宏观经济政策有效性。

答:在资本完全不流动条件下,在 i-Y 平面内,BP 曲线为一条垂直的直线。含义是:在一定的汇率水平下,只有在特定的产出水平上,国际收支才能平衡,随着本币贬值,BP 曲线右移。

(1) 固定汇率制下的财政政策。

假设经济原先在点 A_0 处达到平衡,产出水平为 Y_0。现在,政府采取扩张性的财政政策,体现为 IS 曲线右移到 IS'(在图(a)中用①表示),在货币供应量不变的情况下,产出增加到 Y'(用 A' 点表示)。显然,A' 点在 BP 曲线的右侧,意味着在 Y' 的产出水平下,出现国际收支逆差

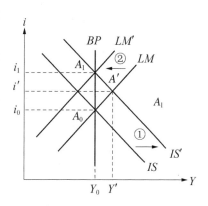

(a) 固定汇率制度下的财政政策

(尽管利率水平提高,但由于资本完全不流动,无法通过较高的利率来吸引资金,为贸易收支融资)。

国际收支逆差会对本国货币造成贬值压力,为维护固定汇率制

度,本国货币当局需要买入本币、卖出外币,这会减少本国货币供给,体现为 LM 曲线左移,只要 LM 与 IS' 的交点仍在 BP 曲线右侧,即产出仍高于 Y_0,本国就会继续出现国际收支逆差,本国货币供给继续减少,直到 LM 曲线移动到 LM' 的位置,IS' 与 LM' 决定的产出水平等于 Y_0,三条曲线交于一点,才实现内外均衡。此时的利率相比财政扩张之前有所上升,但产出却没有变化,扩张性的财政政策失效。

(2) 固定汇率制下的货币政策。

仍然假设经济在点 A_0 处达到平衡。现在,货币当局采取扩张性的货币政策,体现为 LM 曲线右移到 LM'(在图(b)中用①表示)。在政府支出不扩大的情况下,LM' 与 IS 相交于 A' 点,产出增加到 Y'。与扩张性的财政政策结果相同,A' 点在 BP 曲线的右侧,意味着在 Y' 的产出水平下,出现国际收支逆差。

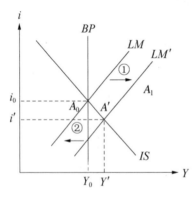

(b) 固定汇率制度下的货币政策

国际收支逆差会对本国货币造成贬值压力,为维护固定汇率制度,本国货币当局需要买入本币、卖出外币,这会减少本国货币供给,体现为 LM' 曲线重新左移,只要 LM' 与 IS 的交点仍在 BP 曲线右侧,即产出仍高于 Y_0,本国就会继续出现国际收支逆差,本国货币供给继续减少,直到 LM' 曲线重新回到 LM 的位置,产出回到 Y_0,才恢复内外均衡。此时的利率和产出均没有发生变化,扩张性的货币政策失效。

(3) 浮动汇率制下的财政政策。

浮动汇率制下,政府扩大开支造成的 IS 曲线移动、产出增加(在图(c)中用①表示),以及随之产生的本币贬值压力,都是和固定汇率制下财政政策的分析一样的。

但是,在浮动汇率制下,货币当局不需要为维持汇率而干预市场。这一方面导致货币供应不变,LM 曲线不移动;另一方面导致本币随市场要求而贬值。本币贬值会带来净出口上升,IS' 曲线继续右移(在图(c)中用②表示),BP 曲线也发生右移(在图(c)中用③表示),直到 IS' 曲线到达 IS'' 的位置,BP 曲线到达 BP' 的位置时,三条曲线重新相交,达到内外均衡。在此过程中,财政支出主动的扩张引发了本币贬值,财政政策的效果被放大了。

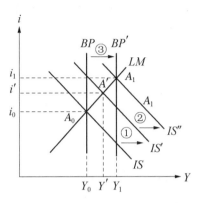

(c) 浮动汇率制度下的财政政策

(4)浮动汇率制下的货币政策。

浮动汇率制下,货币当局增加货币供给所引起的 LM 曲线移动、产出增加(在图(d)中用①表示),以及随之产生的本币贬值压力,都是和固定汇率制下货币政策的分析一样的。

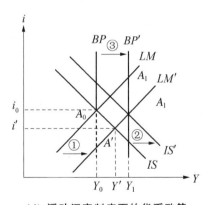

(d) 浮动汇率制度下的货币政策

但是,在浮动汇率制下,货币当局不需要为维持汇率而干预市场。这一方面导致货币供应重新减少,LM' 曲线不再移动;另一方面导致本币随市场要求而贬值。本币贬值会带来净出口上升和产出上升,IS 曲线右移(在图(d)中用②表示),BP 曲线也发生右移(在图(d)中用③表示)。直到 IS 曲线到达 IS' 的位置,BP 曲线到达 BP' 的位置时,三条曲线重新相交,达到内外均衡。在此过程中,货币供给主动的扩张引发了本币贬值,带来了产出进一步扩大,货币政策的效果被放大了(此时利率的变化是不确定的,取决于产出、货币需求对利率的敏感程度,因此,图中没有表示出来)。

概括起来,从财政、货币政策对产出的影响效果看,蒙代尔-弗莱明模型的结论是:在资本完全不流动的情况下,固定汇率制度下的财政、货币政策均无效,浮动汇率制度下的财政、货币政策均有效,且较封闭经济条件下效果更强。

(说明:教材中给出了资本完全流动下的政策有效性分析,本题给出了资本完全不流动情况下的政策有效性分析,而在资本不完全流动的情况下,政策有效性与 BP 曲线的斜率有关,即与资本流动的程度大小有关,需要分多种情况讨论。读者可以自行利用教材中给出的 IS、LM、BP 曲线的定义式进行推导。具体做法是:用自主性吸收 $\bar{A}$ 变动来表示财政政策,货币供应量 M 变动表示货币政策,在固定汇率制度下,保持汇率 e 不变,在浮动汇率制度下,汇率 e 可变,而货币供应量 M 不再有后继的变化)

4. 什么是货币的自由兑换?论述人民币自由兑换对我国经济可能带来的影响,试提出自由兑换的合理步骤。

答: 按照国际货币基金组织的定义,一国若能实现经常账户下的货币自由兑换,该国的货币就被列为可兑换货币。由于基金组织的这一规定列于其章程的第八条,故经常账户下可兑换货币的国家又称为第八条款国。在经常账户自由兑换的基础上,某些国家的货币进一步实现了部分资本和金融项目的自由兑换,包括直接投资的进出及汇兑、信贷融资的进出及汇兑、证券投资的进出及汇兑等几个层次。

中国于1996年底实现了人民币经常项目的自由兑换,但是,和世界上绝大多数货币一样,在资本和金融项目上,人民币并未完全开放自由兑换。中国目前对资本和金融项目的开放主要体现在直接投资上,而对证券投资、信贷融资等国际纯金融流动开放较少。根据中国人民银行发布的《2007年国际金融市场报告》,中国在未来将"以放松资本项目交易限制、引入和培育资本市场工具为主线,在风险可控的前提下,依照循序渐进、统筹规划、先易后难、留有余地的原则,分阶段、有选择地放宽资本项目交易限制,逐步实现人民币资本项目可兑换。"

开放资本和金融项目的自由兑换,尤其是国际纯金融流动的自由兑换,对于中国经济发展既是机遇,又是挑战。

(1) 就机遇而言:① 自由兑换开放后,中国国内富裕的资金(尤其对于微观主体而言)将获得海外投资的机会,而如果未来出现经济周期波动,中国面临资金短缺,也可以比较容易地从国际上获得资金;② 中国加入世界贸易组织后,外国企业在华开展金融业务的范围逐步扩大,开放资本项目的可自由兑换,能提供一个较为公平的竞争环境,也可以促进国内金融机构效率的提高;③ 在资本和金融项目未自由开放时,很多国内资金和国外资金需要通过非法手段或"灰色"手段实现跨国流动,如冒称直接投资、高报进口低报出口等,如果资本和金融项目开放,那么其中有很大一部分将从地下转为地上,这能够减少交易成本和寻租、舞弊的可能性,并利于国际资金流动的监管和核算;④ 从理论上讲,在自由流动的情况下,资金总是向利用效率较高的地方配置,这也是开放资本和金融项目自由兑换最基本的优点。

(2) 就挑战而言:① 中国本国金融企业内部监控、风险管理水平不高,如果资本和金融项目放开自由兑换,引发投机性攻击时难以抵御;② 在中国国内金融市场自由化程度不够高且利率、汇率等核心价格仍然受到一定程度管制时,放开纯金融流动会给国际资本提高较大套利空间,并造成本国损失;③ 中国虽然经济总量很大,但在全球经济中的定价权较低、人民币定价比例也很低,在大量资金流动的背景下,人民币汇率缺乏价值中枢,容易发生波动;④ 资本的自由流动会影响本国宏观经济政策的实施,尤其是货币政策的独立性将受到影响;⑤ 资本和金融项目的自由兑换还会带来资本外逃、货币替代等问题,尤其是在经济周期下行区间内。

对于资本和金融项目自由兑换进程,在行业上,不妨以"直接投资——易于监管的金融服务业——银行业——证券行业"为开放顺序;在对象上,不妨以先针对企业、后针对居民个人为开放顺序。需要注意的是,开放自由兑换作为制度性的改革具有不可逆性,其效果会在整个经济周期内存在,不能将其作为短期内缓解人民币升值压力或国内通胀压力的工具。

(以上讨论题答案仅供参考)

5. 请讨论最优储备数量的决定因素,你如何看待中国外汇储备连年增长这一问题?

答:这个问题是个发挥题,并无标准答案。作为提示和建议,回答这个问题时,应该至少考虑到以下几个因素:

第一,最优储备决定理论中的常见指标和方法;

第二,中国经济的发展现状以及内部均衡(经济持续增长)的要求;

第三,基于内部均衡条件下的外部平衡定义以及对储备数量的影响。

第七章　金融全球化对内外均衡的冲击

一、判　断　题

1. ×。LIBOR是伦敦银行同业拆放利率(London InterBank Offering Rate)的缩写,它是国际货币市场的基准利率,包括隔夜、1周、1月、2月、3月、半年、1年等多种期限,最长不超过1年。超过1年的长期融资利率,可以用1年期LIBOR加上若干基点来表示。

2. ×。货币市场和资本市场的划分,是以资金的期限为标准的。

3. ×。欧洲货币市场是境外货币交易的市场,既有在岸业务又有离岸业务,一般将欧洲货币市场主要视作离岸市场。

4. √。

5. ×。最近几十年来,国际金融市场的规模和增长速度远远高于世界实体经济的增长。

6. ×。

7. √。

8. √。

9. ×。票据是一种短期金融产品,它属于货币市场。

10. √。

二、不定项选择题

1. A 2. AD 3. BCD 4. B 5. BD 6. D 7. AD
8. BCD 9. BC 10. AB

三、简答题

1. 简述国际资金流动的特点和原因。

答：(1) 20 世纪 80 年代以来，国际金融市场的资金流动体现出如下特点：① 国际金融市场交易量巨大，不再依赖于实体经济而独立增长；② 国际金融市场很大程度上呈现批发市场的特征，机构投资者是国际资金流动的主要载体；③ 衍生品交易比重不断上升，交易虚拟化程度提高。

(2) 国际资金流动规模和速度大幅上升的原因包括：① 实体经济增长带来的世界对外贸易和投资活动快速增长；② 国际金融市场资金的供给充足，尤其是与实际生产脱离的金融资产，随着可兑换货币发行国的长期通货膨胀和收支逆差而不断积累，并且在国际金融市场（尤其是欧洲货币市场）上派生出更多资产；③ 金融市场一体化在技术上促进了资金在全球的配置和套利；④ 大量资金为规避管制或避险，从经济增长较快的新兴国家流入国际金融市场；⑤ 金融创新为国际资金流动提供了更多产品，降低了流动成本；⑥ 20 世纪 70 年代以来，世界各国，尤其是发达国家，对国际资金流动的管制逐步放松。

2. 什么是国际资金流，它与其他类型的国际资本流动存在哪些区别？

答：国际资金流是指与实际生产、交换没有直接联系，以逐利为目的，以货币金融形态存在于国际资金流动。

国际资本流动可以依据资本流动与实际生产、交换的关系分为两大类型。一种是与实际生产、交换发生直接联系的资本流动。例如,发生在国际以兴办企业、控制或介入企业的实际经营管理的产业性资本流动——国际直接投资。又如,作为商品在国际间流动的对应物,在国际贸易支付中发生的资本流动,以及与之直接联系而发生的各种贸易信贷等贸易性资本流动。另一种类型则是与实际生产、交换没有直接联系的金融性资本的国际流动,即国际资金流动。例如,国际银行存贷市场上与国际贸易支付不发生直接联系的银行同业拆借活动,国际证券市场上不以获取企业控制权为最终目的的证券买卖,外汇市场上与商品进出口没有直接联系的外汇买卖和衍生工具市场、与商品贸易套期保值无关的交易,等等。

这两种资本流动有着非常大的区别,各有各自相对独立的规律。对于前一种类型的资本流动而言,其中的产业性资本流动与企业理论有着密切的联系,属于国际投资学的研究范畴。而对于后一种类型的资本流动,它与实际生产、交换没有直接联系,具有更为明显的货币金融性质,它的规模越来越大,而且发展非常迅速,形式特别复杂,越来越脱离实物经济,表现出自身相对独立的运动规律,对开放经济的运行产生特别重要的影响。

3. 简述国际资金流动效果放大的机制。

答:在国际金融市场上,自发的、偶然的资金流动在适当的条件下会演变成大规模的、群体性的资金流动,资金流动因而能对全球经济发挥远远超过其实力的影响。国际资金流动效果"放大"的原因主要包括以下几点:

首先,国际金融市场上的衍生品交易采用保证金制度,其本身就具有放大资金控制力的杠杆效应。在衍生品交易中,较小数量的国际资金就可以控制名义数额非常大的衍生工具合约,从而对衍生品市场上的价格发挥很大的影响,并进而通过衍生工具市场与其他金融市场之间的密切关系来影响一国和全球经济。

其次,国际上流动的各种资金间存在着密切的联系,使资金可以在短期内迅速扩充实力。例如,主要活动于各国证券市场上的投资基金一般与银行保持着比较紧密的联系,它既可以在相当短的时间内进入一国的同业拆借市场拆入资金,也可以与某些银行达成协议,在较长的时间内获得信贷支持,这些都扩张了原有资金在国际间流动时的冲击力。

再次,国际资金流动中存在着"羊群效应"。在短期国际资金的流动中,心理预期因素非常重要。某些有影响力的国际资金(例如大的对冲基金)的突然行动,可能会带来其他市场参与者的纷纷仿效,从而对经济构成很大冲击。在实际生活中,有些机构投资者就利用国际资金流动的这一特点,故意将某一信息广为宣传,有意识地诱发市场恐慌情绪与随众心理,来实现其原有数量的资金无法达到的效果。

4. 简述衡量对外偿债能力的指标。

答:衡量一国的外债承受能力和外债偿付能力,可以用一套债务衡量指标进行。

(1) 负债率,即外债余额与国内生产总值的比率,通常应低于10%。

(2) 债务出口比率,即外债余额与当年商品与劳务出口收入的比率,通常应低于100%~150%。

(3) 还本付息与总产值比率,即每年还本付息总额与国内生产总值之比,一般不应超过5%。

(4) 外债清偿率(又称偿债率),即每年还本付息总额与年商品和劳务出口收入之比,一般不应超过20%。

以上四个指标中,第一和第二个指标表示一国的外债承受能力,第三和第四个指标表示一国的外债偿还能力。其中,外债清偿率被认为是衡量一国债信和偿付能力的最直接、最重要的指标。这个比率以20%为警戒线,超过20%该国的债信和偿还能力就将受到严重怀疑。

5. 货币危机容易传染到什么类型的国家？

答：在金融市场一体化的今天，一国发生货币危机后，货币危机最容易传播到以下三类国家：第一类是货币危机发生国的重要贸易伙伴或竞争对手。当货币危机发生时，危机发生国或者对贸易伙伴国商品的进口下降，或者对竞争对手国商品的出口造成巨大压力，从而导致伙伴国和对手国的贸易收支发生变化，诱发投机攻击。第二类是与货币危机发生国存在较为相近的经济机构、发展模式，尤其是潜在的经济问题（如汇率高估）的国家。投机资金会比较一致地对这些国家逐一攻击。第三类是过分依赖国外资金流入的国家。影响比较大的货币危机发生后，国际金融市场上的投机资金一般都会调整或收缩其持有的外国资产，至少是存在较大风险的国家的资产。许多国家将不可避免地发生相当部分资金流出的现象，如果这一流出对该国的国际收支有重大影响，则该国也有可能发生货币危机。

6. 在第一代货币危机模型中，为什么当外汇储备耗尽时，在货币供应量并未变化的时候，本国货币会发生一次性的贬值？

答：第一代货币危机模型中，使用了弹性价格货币论的分析框架。在模型中，伴随着国内信贷的扩张，之所以货币供应量没有变化，是因为外汇储备在不断消耗，起了一个"缓冲器"的作用。当外汇储备耗尽时，可以预见的是：当国内信贷继续保持扩张，货币供应量就会上升，物价也会同步上升，因此，预期通货膨胀率上升。

根据费雪效应，当预期通货膨胀率上升时，本国利率 i 也会上升。由于实际货币需求是本国利率的减函数，所以利率的上升会带来实际货币需求下降在名义货币供应量不变的情况下，货币市场出清要求本国物价水平发生一次性的上升，从而降低实际货币供应量。

弹性价格货币论使用了购买力平价作为汇率决定的条件，当本国物价水平发生一次性的上升时，本国货币发生一次性的贬值。

（说明：与之类似的一个问题是关于影子浮动汇率。之所以随着国内信贷扩张，影子浮动汇率会不断贬值，是因为，如果汇率自由浮动,那么外汇储备就不会变动,进而国内信贷的每一次扩张都会带来货币供应量的上升,这直接引发了国内价格的弹性变动和影子浮动汇率的贬值)

7. 简述离岸金融市场对本国国内货币的影响。

答：离岸金融市场是非居民之间进行境外货币交易的金融市场,在此市场上交易的货币,不受货币发行国货币当局监管,没有或很少有准备金率要求,利率也可以和国内金融市场存在差距。离岸金融市场对本国国内货币的影响包括：① 加大了本国货币政策的不确定性,当本国货币供应增加时,部分货币可能会流向离岸金融市场,从而减少本国货币扩张的效果;而当本国货币紧缩时,离岸金融市场的资金又会流回。② 离岸金融市场金融产品的竞争性较高,在本国国内金融市场存在较多管制的情况下,离岸金融市场的利率、汇率能够相对准确地反映本国货币的真实价值,并对本国国内居民的预期造成影响,进一步推动国内市场相关变量的变动。③ 在本国货币自由兑换的进程中,可以先开放离岸金融市场作为试点,对本国货币的供求和管理规律有一定认识后,再开放国内金融市场的自由兑换。

8. 请简述通过汇市和股市对具有贬值预期的货币发动投机的基本流程。

答：在对具有贬值预期的货币发动投机时,投机者从预期贬值货币所在国家的同业市场拆入本币并买入外币,在外币升值、本币贬值后,再将外币重新兑换为本币,在偿还拆借本息后,获得投机收益。在此过程中,投机者自身不需要拥有资金,但存在拆借被攻击货币的利息支出,因此,被攻击国家的央行若大幅度提高同业拆借利率,能够增加投机攻击的成本。

为了确保投机攻击的收益,投机发动者在投机攻击前,会先在被攻击国家的股市或股指期货市场上进行抛空操作。这样,如果央行不提高利率,则投机攻击能够在外汇市场上获得收益;如果央行提高利率,投机攻击成本上升,"拆借＋外汇市场交易"总体出现损失,那

么,投机者还能在央行提高利率所引起的股市急剧下跌中获利。具体途径可以包括:

(1) 股市上抛空→投机攻击→利率上升→股市下跌→股市购入。

(2) 投机攻击→利率上升→股市下跌→股市购入→投机退却→利率下调→股价上升→股市抛售。

(3) 期市上抛空股指期货合约→投机攻击→利率上升→股市下跌→股指期货合约下跌→平仓股指期货合约。

四、论 述 题

1. 请简述欧洲货币市场的发展和特点,并讨论它对世界货币供应有什么影响。

答:欧洲货币市场(Eurocurrency Market)的前身是产生于20世纪50年代的欧洲美元市场。其最初的资金来源是冷战开始后,前苏联和东欧国家为防止其在美国的存款被冻结,而转移到欧洲(主要是伦敦)的美元存款。1958年以后,美国的国际收支赤字为欧洲美元市场提供了大量的资金,美国的资本流出管制,迫使美国境外居民在欧洲美元市场进行借贷业务。20世纪70年代后,世界石油两次大幅度提价,石油输出国将大量的"石油美元"投入到欧洲美元市场,向非产油的发展中国家放贷,欧洲美元市场得到了很大发展。从20世纪60年代末开始,随着美元危机的频频爆发,在欧洲美元市场上交易的货币不再局限于美元,而是逐步向德国马克、瑞士法郎等多币种扩大,同时,这一市场的地理位置也扩大了,亚洲的新加坡、中国香港等地纷纷出现了美元、马克等货币的借贷业务。这样,原有的"欧洲美元市场"便演变为"欧洲货币市场"。在这里,"欧洲"不再是一个表示地理位置的概念,而是意味着"境外"。所谓"欧洲货币",就是指在货币发行国境外流通的货币;所谓欧洲货币市场,就是指境外货币的交易市场。

欧洲货币市场的核心特点是,在该市场上发生的交易,不受到市场所在国和货币发行国法规的管制。具体而言,它的特点包括:① 市场范围广阔,不受地理限制,是由现代通讯网络联系而成的全球性市场,也存在一些传统金融中心城市演变而来的地理中心;② 交易规模巨大,交易品种、币种繁多,金融创新极其活跃;③ 利率结构独特,以LIBOR为基础,与各国利率有一定的联系,同时还受到欧洲货币市场上供求关系的影响;④ 由于所受管制较少,从而潜在市场风险较大,对国内经济的稳定与均衡具有一定的潜在威胁。

欧洲货币市场在某种程度上具有与国内金融市场相似的存款创造过程:即一笔存款进入欧洲货币市场后,如果这笔资产的存贷都在欧洲货币市场上进行,那么这一笔存款可以派生出一系列存款。在分析国内金融市场上的存款创造过程中,我们常用下式表示存款派生乘数,即

$$M = \frac{1}{1-(1-r)(1-c)} \cdot B \qquad (7.1)$$

式中,M 表示货币乘数,r 表示法定准备金率,c 表示现金漏损比率,B 表示基础货币的数量。欧洲货币市场不存在法定准备金限制,从理论上说,如果不存在现金漏损,这一市场上的存款创造将是无限的,这使得欧洲货币市场的资金数量非常充足;但同时欧洲货币市场的漏损比率 c 又相当高,表现为资金从欧洲货币市场转流入国内金融市场或其他国际金融市场。总的来说,欧洲货币市场的存在,从全球的角度看,并没有增加基础货币的数量(基础货币仍然主要来自储备货币国中央银行所发行的储备货币),但是提高了货币乘数,增加了货币供应。

2. 根据你学习和掌握的资料,讨论当前境外市场人民币汇率走势及其原因,比较境外市场人民币汇率与境内外汇市场人民币汇率的异同并分析原因。

答:本题无标准答案。应根据每年每时不同情况作出符合当时情形的分析。

3. 讨论 20 世纪 80 年代发展中国家债务危机爆发的背景、原因和启示。

答: 20 世纪 80 年代,一系列非产油发展中国家无力偿还到期的外债(通常是欠国际银行业的债务),由此不仅导致发展中国家的债信严重下降,而且也使国际银行业陷入了资金危机,严重影响了国际金融业,乃至整个国际货币体系的稳定,这被称作 20 世纪 80 年代的债务危机。

(1) 债务危机的背景包括:① 旧殖民统治使发展中国家经济结构落后,而国际市场上的比价体系长期被发达国家所左右,发展中国家出口的初级产品在国际交换中处于不利地位;② 石油输出国组织在 1973—1974 年期间和 1979—1981 年期间两次将石油价格大幅度提高,非产油发展中国家出现巨额的国际收支逆差,而石油输出国获得大量资金,投入到国际金融市场,为非产油发展中国家的外债提供了资金来源;③ 发展中国家所借大量贷款是私人银行的商业贷款,并且利率浮动,这使得偿债压力容易受国际金融市场资金供求关系的影响,而且,商业银行在授贷时一味考虑收益,又认为是对政府的贷款,所以对发展中国家的债信评估很为宽松;④ 发展中国家所获贷款地区分布过于集中,贷款归还期分布不当,巴西、委内瑞拉、墨西哥等国家接受银行贷款的速度远远高于发展中国家的平均速度,并且许多贷款的还款期过分集中在相同的时期。

(2) 债务危机爆发的原因包括:① 进入 20 世纪 80 年代,工业国家的反通胀政策引起了国际利率的迅速上升,发展中国家所借贷款付息压力增大,而且短期贷款需要在短期内还本;② 20 世纪 80 年代初期,全球性的经济衰退使原材料价格下跌,而发展中国家又没有能够合理利用外债提高出口换汇能力,导致出口收入下降,没有足够的外汇还贷。

债务危机发生后,发达国家主导提出了若干解决方案,但危机初期的方案多着眼于发展中国家内部的紧缩,以牺牲内部均衡为代价换取外部平衡,减少发达国家的损失,这些方案效果都不好,后期的方案包括了较多的债务折让、减免和金融创新,考虑到了发展中国家的承受能力和国际协调,在历时 10 多年,债务危机终于得到解决。

(3) 债务危机的启示是:① 各国应当注意国内经济政策,提高内部均衡和外部平衡的稳定性;② 国际资金逐利性的流动会削弱各国国际收支的约束,带来收支缺口的扩大并最终导致国际收支不能维持,各国应更加注意保持国际收支纪律;③ 发达国家和发展中国家应加强国际政策协调,单方面有利于发达国家的政策不具备可行性。

4. 试述第一代货币危机模型的基本观点、结论和理论特点。

答: 美国经济学家克鲁格曼(P. Krugman)于 1979 年提出了关于货币危机的第一个比较成熟的理论。该理论认为,在一国货币需求稳定的情况下,国内信贷扩张会带来外汇储备的流失和经济基本面的恶化,导致原有的固定汇率制在投机冲击下崩溃,从而产生危机。

(1) 国内信贷扩张和货币危机。

假定一国的货币需求 M^d 稳定,货币供给由国内信贷 D 及外汇储备 R 两部分构成。根据货币分析法,有

$$M^s = D(t) + R(t) = M^d = \overline{M} \qquad (7.2)$$

式(7.2)表明,在国内货币需求稳定的情况下,如果国内信贷持续扩张(如被政府用来融通财政赤字),该国居民就会通过向外国居民购买商品、劳务、金融资产来形成国际收支赤字,进而引起外汇储备的同步减少,最终使货币供给与货币需求平衡。由于外汇储备有限,国内信贷的持续扩张最终会使货币当局耗尽外汇储备。

外汇储备是政府维持固定汇率制的主要工具,如果一国对外汇储备水平设定最低限,则当外汇储备低于最低限时,政府将宣告放弃固定汇率制。在下图中,随着国内信贷的扩张,当时间到达 t_0 时,外汇储备耗尽,固定汇率制度必然会崩溃。

(2) 投机攻击和固定汇率制度的提前崩溃。

如果市场上不存在投机者,那么,固定汇率制度的崩溃将仅仅是

外汇储备随信贷扩张而逐渐消耗的结果。但是，如果投机者在外汇市场上卖出本币、买入外汇以对本国货币进行攻击，那么，政府就会使用外汇储备来维护固定汇率，这就会加快外汇储备的减少和固定汇率制的崩溃。

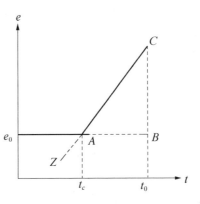

投机者预期条件下的
货币危机发生时间

为了说明投机攻击的时间选择问题，这里引进一个新的概念——影子浮动汇率（Shadow Floating Exchange Rate）。"影子浮动汇率"是指在没有政府干预下，外汇市场受经济基本面决定而自由浮动时确定的汇率水平。在浮动汇率制度下，影子浮动汇率水平与现实汇率水平一致。在固定汇率制度下，影子浮动汇率由市场根据基本面预测得到。信贷扩张会使影子浮动汇率水平不断上升（直接标价法下）。

在上图中，纵轴表示直接标价法的汇率，e_0 表示固定汇率制下的汇率水平，直线 ZAC 表示影子浮动汇率水平。随着时间 t 推移，本国信贷不断扩张，外汇储备不断消耗，影子浮动汇率水平不断上升。如果市场上不存在投机者，那么，到 t_0 时刻，外汇储备耗尽（或者外汇储备低于政府所能接受的水平），政府将放弃固定汇率制度，允许汇率自由浮动，此时汇率水平将从 B 点跳跃到 C 点，即本币出现大幅度贬值。

当投机者能够根据基本面的真实情况（如国内信贷的持续扩张）预期到固定汇率制的崩溃，并且投机者能够预计出影子浮动汇率水平的话，那么，只要当影子浮动汇率在 t_c 时刻上升到与固定汇率 e_0 相等时，投机者就会在外汇市场上以 e_0 的价格大量买入外汇、卖出本币，导致外汇储备瞬间耗尽，固定汇率制提前崩溃。之所以不在 t_c 时刻之前发动投机攻击，是因为，此时如果固定汇率制崩溃，浮动的汇

率水平仍低于 e_0，投机者反而会亏损；之所以不在 t_c 时刻之后的任意时刻，假设记做 t'（对应的汇率为 e'），发动投机攻击，是因为，如果投机者预见到 t' 时刻会发生投机攻击，固定汇率崩溃，且投机者是理性的，那么，投机者就会提前在汇率小于 e' 的时候开始买入外汇，集体的行动使攻击不断提前，直到 t_c 时刻。从分析中可以看出，信贷扩张速度越低，直线 ZAC 的斜率就越小，货币危机的发生也就越晚。

克鲁格曼模型对货币危机的分析具有如下特点：

第一，在货币危机的成因上，认为货币危机是政府宏观政策与固定汇率的维持这两个政策目标之间发生冲突而引起的。这一分析将国际收支问题视为货币供求的自动调整过程，具有浓重的货币主义色彩。国内信贷扩张是储备流失的根本原因，因此是政府扩张政策将经济推向货币危机之中。

第二，在危机的发生机制上，强调投机攻击导致储备下降至最低限是货币危机爆发的一般过程。在这一过程中，中央银行基本上处于被动的地位，预期只是使货币危机发生的时间提前，外汇储备存量则是决定固定汇率放弃与否的中心变量。

第三，在政策含义上，模型最主要的结论是：紧缩性财政货币政策是防止货币危机发生的关键。鉴于货币危机的根本原因在于经济基本面，投机性攻击只是外在条件，因此诸如从国外借款、限制资本流动等措施只能暂时性地稳定汇率，如果没有基本经济政策的调整，固定汇率制最终仍将崩溃。

（说明：关于固定汇率制度崩溃时，自由浮动的汇率水平会较原有的固定汇率水平有大幅度的贬值这一结论，请参见本章简答题第6题答案）

5. 请简单论述第二代货币危机模型的基本思路和结论。

答：第二代货币危机理论由奥伯斯特菲尔德（M. Obstfeld）等人推出，该理论提出，投机者之所以对货币发起攻击，并不是因为经济基础的恶化，而是因为贬值预期的自我实现。

第二代货币危机模型认为，在国际短期资金流动独特的内在运动规律下,一国可能在没有实施扩张性政策、外汇储备充足的情况下,突然面临投机冲击,投机冲击的出现主要是由心理预期因素导致的。投机者对一国货币的冲击步骤往往是首先在该国国内货币市场上借入本币,再在外汇市场对本币进行抛售。如果这一攻击能取得成功,投机者会在本币贬值后再用外汇购回本币,归还本币借款。这样,投机者攻击的成本是本币市场上借入本币所支付的利息,预期收益则是持有外汇资产期间的利息收入,以及本币贬值所带来的收入。只要预期投机攻击成功后,该国货币贬值幅度超过上述两种利率之间的差幅,投机者就会进行投机攻击。

由于提高本币利率可以提高投机者进行投机攻击的成本,所以从理论上讲,政府总可以将利率提高到一定水平来维持固定汇率制度。但是政府提高利率以维持固定汇率会对内部均衡造成较大影响,需要对利率手段本身进行成本和收益的分析。

提高利率以维持固定汇率的成本一般包括:如果政府债务存量很高,高利率会加大预算赤字;高利率意味着经济紧缩,带来衰退与高失业率;现代经济中股票市场、房地产市场状况与利率存在着密切联系,如果因为利率过高而导致股市暴跌、房地产价格低迷,将使整个经济陷入萧条乃至于危机的境地。

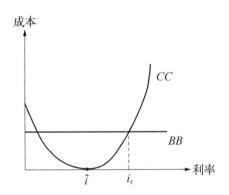

维持固定汇率制的成本与收益

提高利率以维持固定汇率的收益一般包括:消除汇率自由浮动给国际贸易与投资带来的不利影响,为一国经济创造一个较为稳定的外部环境;发挥固定汇率的"名义锚"(Nominal Anchor)作用,遏制通货膨胀;政府可以在对汇率的维持中,获得政策一致性的名声。

政府面临投机冲击时,是否提高利率维持固定汇率实际上是对成本和收益的权衡,集中表现为维持经济的合理开放性与实现经济的稳定发展之间的矛盾。从某种意义上说,也就是外部平衡和内部均衡之间的矛盾。上图中,纵轴表示维持固定汇率制的成本,横轴表示本国利率水平。CC曲线表示维持固定汇率制成本的变化,它随着利率的变动而变动。我们假定经济中存在着最佳利率水平 $\hat{i}$,此时维持固定汇率制的成本最低。当利率水平在此基础上逐渐降低或逐渐提高时,这一成本都将不断增加,因此 CC 曲线表现为两端向上倾斜的 U 字形。BB 曲线表示维持固定汇率制的收益,根据上述分析,它与利率水平无关,因此在图上是一条水平线。当利率水平为 i_r 时,维持固定汇率制的成本与收益相等。从图上可以看出,当维持固定汇率制所需要的利率水平高于 i_r 时,维持固定汇率制的成本高于收益,此时该国的固定汇率制将会被放弃,货币危机将爆发。

从以上分析可以看出,第二代模型中所描述的货币危机具有如下特征:

第一,货币危机发生的隐含条件是宏观经济中多重均衡(Multiple Equilibrium)的存在。经济中共存在两重均衡,分别对应着公众对固定汇率制能否维持的不同预期,每种预期都是自我实现的。其中,"好的均衡"(Good Equilibrium)是公众的贬值预期为零,从而使汇率保持稳定;另外一种均衡则是贬值预期,当这种预期达到一定程度时,投机者对外汇的购买和对本币的抛售,将促使政府不断提高利率以维持平价,直至最终放弃,这种均衡的结果就是货币危机。由"好的均衡"向货币危机的跳跃常常是一些与经济基本面完全无关的事件——"黑子现象"(Sunspot Phenomenon)——所导致的。这些所谓的黑子事件经常与国际短期资金流动独特的运动规律密切相关,当它导致贬值预期心理时,就会引起投机并使这一预期得到实现。因此,这种货币危机又被称为"预期自我实现型货币危机"(Expectations Self-Fulfilling Currency Crisis)。

第二,政府为抵御投机冲击而持续提高利率,直至最终放弃固定汇率制是货币危机发生的一般过程。预期因素决定了货币危机是否会发生、发生到什么程度,而利率水平则是决定固定汇率制度放弃与

第七章　金融全球化对内外均衡的冲击　　233

否的中心变量。具体而言,在公众预期货币将贬值时,货币危机的发生机制体现为一种恶性循环(Vicious Circle):政府通过提高利率来维持平价→增加政府维持固定汇率制的成本→加强市场的贬值预期→促使利率进一步上升。可见,货币危机是否发生取决于政府与投机者之间的动态博弈。在信息不对称的条件下,市场对政府放弃平价的成本(假定为 f)只能推测出大致区间($[\underline{f},\overline{f}]$),在此区间内不断进行投机攻击。如果在政府捍卫平价期间有足以改变投机者预期的好消息来临,货币危机将被阻止;否则,政府将被迫进行贬值。如果基本面因素(包括经济增长率、就业水平和通货膨胀率等)在这个过程中发生实质性的恶化,危机的爆发则不可避免。因此,虽然投机的发生可能与基本面因素无关,但是应对危机的过程往往会导致基本面发生变化。

第三,政府防范货币危机的主要措施之一是提高政策的可信性。可信度越高,货币危机发生的可能性也就越小。

6. 请讨论次贷危机给我们留下了什么经验教训。

答:次贷危机留给我们的教训大致可以归纳为以下几条:

第一,作为贷款发放机构,不能仅凭预期而超越本身资本金数倍甚至数十倍地向资质较差的住房按揭客户发放没有充足抵押的贷款。美国次级贷款发放机构认为,市场看好、利率较低,房价还会上涨,因此,把房价可能上涨的部分也纳入为抵押物,从而发放大量贷款。如果市场逆转、利率上升,或房价停止上涨,都会造成客户的还贷困难。

第二,作为贷款发放机构,要谨慎运用金融创新,而作为监管当局,也应对金融创新行为进行监管。美国次贷危机的爆发,与过度使用金融创新有密切关系。金融创新使美国贷款机构得以获得数倍,甚至数十倍于自身资本的贷款资金,这就放大了潜在风险。

第三,政府除了要加强对金融机构的监管和指导外,在危机的防范和危机的处理上应该早有准备。美国次贷危机爆发前的房价已经连续上升了很多年,次贷的规模也日益庞大,但美国政府一直没有采取措施发出任何警告或提示，而是过分相信市场的自发力量，从而使引发危机的能量不断积累。另外，在危机爆发和蔓延的过程中，除本国政府需要积极应对之外，国际间的合作也十分重要。

7. 自行收集资料，了解托宾税在新形势下的各种实施形式并分析其利弊。

答：本题无标准答案。

第八章 金融全球化下的国际协调与合作

一、判 断 题

1. √。
2. √。
3. √。
4. √。
5. √。
6. √。
7. ×。基金组织的最高权力机构是理事会。
8. √。
9. √。
10. ×。在布雷顿森林体系下,美国之外各国的国际清偿力来自美元,如果美国一直保持贸易顺差,就会导致各国国际清偿力的不足。这就是特里芬两难揭示的基本内容。
11. ×。通货区的固定汇率制是指通货区内部各国货币保持固定汇率。
12. √。

二、不定项选择题

1. A　2. B　3. ADC

4. C(说明：IMF 的条件原则，其核心是要求获得 IMF 贷款以应对国际收支困难的国家采取紧缩财政支出和货币供应的措施，其目的是降低受贷国对国外产品的需求，确保贷款的偿还，并确保基金组织财政资源的流动性。)

5. ABC　6. A　7. ACD

8. ABCD(说明：关于 A 选项，各国的国际储备反映为各国中央银行的资产，当国际储备积累时，各国央行的资产和负债同步扩张，即各国的本币货币随着国际储备的积累而增加发行，这带来各国物价的上升，最终引发全球性通货膨胀；关于 B 选项，在国际金本位制下，黄金是各国货币的基础，也是国际储备的根本来源，只有世界黄金存量增长，才能使全球范围内的国际储备增加)

9. A;B　10. B　11. ACD　12. ABCD　13. ABC　14. A
15. ACD

三、简　答　题

1. 简述特别提款权与外汇储备资产的联系和区别。

答：特别提款权(Special Drawing Right，SDR)是国际货币基金组织人为创设的账面资产。在基金组织的范围内，成员国可用特别提款权来履行原先必须要用黄金才能履行的义务(布雷顿森林体系瓦解之前)，又可以用特别提款权充当国际储备资产，还可以用特别提款权取代美元来清算国际收支差额。根据一定的组成权重，基金组织每天会公布特别提款权与世界主要货币的比价，以及特别提款权贷款的利率。在充当储藏手段和支付手段方面，特别提款权与外汇储备的作用一致。

特别提款权与外汇储备资产不同之处在于：首先，外汇储备资产需要通过国际经济交流活动取得，而特别提款权则是基金组织人为分配的；其次，货币当局可以在外汇市场上向私人出售外汇储备，而特别提款权只能由官方持有；最后，外汇作为流通货币，能够起到价值尺度和流通手段的作用，而特别提款权并不是有形的货币，不参加流通。

2. 简单评价基金组织的贷款条件原则。

答：基金组织在向成员国提供贷款的同时附加了相应的贷款条件（Conditionality），贷款数额越大，所附加的贷款条件就越严格。基金组织设置贷款条件的理由是：IMF不是一个发展援助机构，基金的贷款必须与受贷国可维持的国际收支前景及还款能力相结合，从而保证贷款的使用不损害IMF资金的流动性，并有助于调整受贷国的经济状况。但对于贷款条件的效果，经济学界，尤其是发达国家和发展中国家的学者长期以来一直有所争议。

发达国家与发展中国家对IMF贷款条件的争论，实际上是在经济政策内部均衡目标和外部平衡目标相互关系方面的意见分歧。发达国家从自身利益出发，认为发展中国家出现国际收支失衡的主要原因是经济出现超额需求，因此必须通过贷款条件来确保受贷国家实施削减国内吸收的紧缩政策；发展中国家则认为，贷款条件实际上是要求逆差国进行单方面的调整，这将导致国际收支调节不对称性的进一步强化，而且，贷款条件要求的货币紧缩和需求调整同发展中国家的经济发展目标存在极大的冲突，实质是将解决国际收支失衡的外部问题，置于经济发展的内部问题之上。

3. 请简述特里芬两难的含义及其结果。

答：在布雷顿森林体系中，美元作为储备货币，它既是一国的货币，又是世界的货币。作为一国的货币，美元的发行必须受制于美国的货币政策和黄金储备；作为世界的货币，美元必须为世界提供清偿力。美国耶鲁大学教授特里芬(R. Triffin)于20世纪50年代首先预见到,为满足世界经济增长和国际贸易的发展,美元的供应必须不断地增长;由于美元与黄金按固定比例挂钩,而黄金的产量和美国黄金储备的增长又跟不上世界经济和国际贸易的发展,所以美元数量的增长将使美元同黄金的可兑换性日益难以维持,美元同黄金按固定比价的可兑换性危机迟早会爆发,这一论断被称为特里芬两难。

特里芬两难在日后的经济现实中得到了验证。随着世界经济的发展,美国在西方世界中的经济地位逐渐下降,美国的国际收支状况从二战后初期的盈余转变成了赤字,黄金不断外流,世界各国持有的美元却不断增加,人们对美元按固定比例兑换成黄金的承诺开始怀疑。1960年到1971年爆发了三次美元危机,这就是对美元—黄金之间保持固定比例的可兑换性怀疑的集中反映,在几次美元危机中,美元都发生了贬值,并逐步中止和黄金的兑换,最终在1973年2月,美元宣布不再与黄金挂钩,双挂钩制度结束,布雷顿森林体系也崩溃了。

4. 简述用通货膨胀相似性来判断最适度通货区的理由及其不足。

答:1970年和1971年,哈伯勒(G. Haberler)和弗莱明(J. M. Fleming)分别提出以通货膨胀率的相似性作为确定最适度通货区的标准。他们认为,国际收支失衡最可能是由各国的发展结构不同、工会力量不同所引起的通货膨胀差异造成的。

根据货币分析法,国际收支失衡本质上是一种货币现象,在固定汇率安排下,国内货币扩张会使居民的货币需求小于货币供给,从而通过国际收支逆差来输出货币,使货币市场出清。如果通货区内的各国因经济结构等因素能经常使通货膨胀率一致,那么,各国货币的供求状况也就会一致。当出现货币供给大于货币需求的情况时,各国就无法在区内通过国际收支来调节货币余额,却可以通过与区外国家的汇率浮动来改变货币需求,从而实现货币市场均衡。这样就可以在区内汇率固定的同时,实现国际收支平衡和货币市场均衡。

通货膨胀相似性标准的缺陷在于：首先，在理论上，货币分析法中关于货币需求函数是稳定，以及市场具有完善的传递超额需求的机制等假定前提都存有争议，从而国际收支失衡并不一定是调节货币余额的表现；其次，事实证明，通货膨胀不一定是国际收支平衡的主要原因，以它作为最适度通货区的唯一标准是缺乏依据的。例如，20世纪60年代，美国、加拿大和西欧的通货膨胀率差异非常小，但西欧出现国际收支逆差，而加拿大也几次对美元实行浮动（同样表示了国际收支失衡的压力）。国际收支的不平衡实际上是由各国经济结构差异、国际交换关系不平等、劳动生产差异、利率差异和通货膨胀差异等诸多因素共同作用的结果，而且前面几项因素有时甚至是更加重要的，因此不能用单一的通货膨胀率指标来证明通货区的合理性。

5. 为什么说国际金本位制下的国际收支调节机制具有对称性？

答：在国际金本位制下，金币的自由输入输出保证了国际收支的自动调节。当本国国内需求旺盛、国际收支赤字时，黄金就会作为国际支付手段而输出到国外，导致本国国内货币减少、通货紧缩；而相应的，国际收支盈余的国家会有更多黄金作为货币流通，出现通货膨胀。也就是说，在国际金本位制下，国际收支赤字需要以本国通货紧缩为代价，国际收支盈余需要以本国通货膨胀为代价，而这种代价对每个国家都是一样的，因此说，国际金本位制的调节机制具有对称性。

与之相比，信用本位制度下，储备货币国可以通过输出本国纸币，从而在国际收支赤字的时候避免通货紧缩；而对非储备货币国而言，仍然无法避免"国际收支赤字/本国通货紧缩"或"国际收支盈余/本国通货膨胀"这一对抉择。因此，信用本位制度下的国际收支调节具有非对称性。

6. 简述欧元区稳定与增长公约的要求及其意义。

答：稳定与增长公约(Stability and Growth Pact, SGP)是欧元

区成员国需要遵守的财政政策准则。即成员国必须维持其公共预算收支平衡或有所盈余,成员国每年发生的财政赤字不得超过 GDP 的 3%,国债余额不得超过 GDP 的 60%,否则将被处以罚款。

在欧元区内,货币政策由欧洲中央银行实施,主要以控制通货膨胀为目标,而统一货币又使汇率手段失去了效果,因此各国政府能够直接控制的只有财政政策。如果某些国家为促进经济增长或减少失业而执行赤字财政,进而引起欧元区内的国际收支失衡(当政府与私人部门所需购买产品大于本国能提供的产品时),就会引发局部的经济不稳定,甚至是欧元区整体的失衡。稳定与增长公约通过加强财政纪律,为欧元区各国的经济趋同性和稳定性提供了进一步保障。但是在实践中,稳定与增长公约也面临着稳定有余、灵活不足的缺陷,尤其在欧洲大陆劳动市场缺乏弹性、失业问题较为严重的情况下,它反而约束了政府干预总需求以调控经济的能力。

四、论 述 题

1. 现有的国际货币体系存在怎样的缺陷?一个稳定的国际货币体系必须具备哪些条件?

答:现有的国际货币体系称作牙买加体系,其特点是:黄金非货币化、储备货币多样化、汇率制度多样化。在牙买加体系下,美元不再是单一的、公认的储备货币,也不再承诺与黄金的可兑换性,各国的外汇储备仅仅是他国中央银行发行的债务,其价值(购买力)受到他国物价水平、汇率政策和货币政策的影响。牙买加体系是松散的,不存在会崩溃的问题,但仍然存在种种缺陷,储备货币国之间、储备货币国和非储备货币国之间的协调仍然有较多困难。

首先,多种储备货币和浮动汇率制加大了非储备货币国的汇率风险。由于实行了浮动汇率制,主要的储备货币(不论是美元、欧元,还是日元)之间的汇率经常波动,其幅度远远大于经济基本因素的波动,致使短期资金移动频繁,增加了各国储备资产管理的复杂性。对非储备货币国而言,如果其汇率和某种储备货币挂钩,则与其他储备货币之间的汇率就会随挂钩的货币变动而变动,这些交叉变化大大增加了非储备货币国和世界其他国家进行经济交流的不确定性和汇率风险。

其次,多种储备货币并没有从本质上解决储备货币的两难。在多种储备货币体系下,储备货币仍然既是主权国家(或国家集团)的货币,又是被世界接受的货币,储备货币的发行国也仍然面临两难:维护世界金融秩序与维护国内经济平衡的冲突。由于储备货币不再要求和黄金兑换,储备货币发行国必然侧重于后者的实现,这将对别国乃至世界经济带来负面影响。

最后,现有的储备货币体系仍然是有利于发达国家的安排。由于成为储备货币需要较为严格的条件,所以具有储备货币国地位的都是发达国家(或货币区),只有它们能享受包括铸币税和非对称货币政策在内的发行国特权;而大多数的非储备货币发行国,尤其是其中的发展中国家,其对外经济交流的基本形式是输出较低级产品,用实际资源换取储备货币国无成本发行的货币。在发达国家的货币纪律和财政纪律缺乏国际约束的情况下,这样的制度安排明显有利于发达国家,而不利于发展中国家。

一个稳定的国际货币体系需要解决的问题包括:要有一种价值和供给均比较稳定的资产作为国际清偿力、要有对称的国际收支调节机制、要有一个具备权威和实际行动力的国际协调组织,以及一套被各国认可的国际协调规范。

2. 请简述巴拉萨-萨缪尔森效应及其与中国的现实联系。

答:按照购买力平价理论,两国的汇率应当是两国物价水平的对比,但相对发达国家和发展中国家而言,汇率与购买力平价始终存在某种程度的偏离。巴拉萨(B. Balassa)与萨缪尔森(P. Samuelson)分别从后进国家角度和先进国家角度引入生产部门的劳动生产率差异来解释这一现象,这就是著名的巴拉萨-萨缪尔森效应。

假设一个高度简化的两国环境:发达国家称作 f 国,发展中国家称作 d 国,两国各自生产两类产品,可贸易品 T 和不可贸易品 N。产品的生产只使用一种生产要素即劳动,对两国而言,不可贸易品占总产品的比例均为 Q。我们用上标表示不同国家,用下标表示不同产品部门。

假定对于每个国家、每个产品部门,产品价格都由生产单位产品所支付的工资决定,有

$$P = \frac{w}{a} \tag{8.1}$$

f 国和 d 国不可贸易品部门的劳动生产率 a_N 没有差异,而 f 国可贸易品部门劳动生产率 a_T 较高,即有

$$a_T^f > a_T^d,\ a_N^f = a_N^d \tag{8.2}$$

由于不同行业的劳动力可以在国内自由流动,因此一国范围内,可贸易品和不可贸易品生产者虽然劳动生产率不同,但工资水平是一样的,即有

$$w_T^f = w_N^f = w^f,\ w_T^d = w_N^d = w^d \tag{8.3}$$

由式(8.1)~式(8.3)可知,f 国不可贸易品的价格相对于可贸易品更贵,即

$$\frac{P_N^f}{P_T^f} > \frac{P_N^d}{P_T^d} \tag{8.4}$$

一国的整体物价水平为可贸易品和不可贸易品的加权平均,即

$$\begin{aligned} P^d &= P_T^d(1-Q) + P_N^d Q \\ P^f &= P_T^f(1-Q) + P_N^f Q \end{aligned} \tag{8.5}$$

在可贸易品一价定律成立的条件下,两国汇率与可贸易品的价格满足

$$e = \frac{P_T^d}{P_T^f} \tag{8.6}$$

其中，e 是市场均衡条件下的汇率，e 单位的 d 国货币可以兑换 1 单位的 f 国货币，e 上升即 d 国货币贬值。

而购买力平价则是整体物价水平的对比，可以表示为

$$PPP = \frac{P^d}{P^f} = \frac{P_T^d(1-Q) + P_N^d Q}{P_T^f(1-Q) + P_N^f Q} = e\frac{(1-Q) + QP_N^d/P_T^d}{(1-Q) + QP_N^f/P_T^f} \tag{8.7}$$

观察式(8.7)并结合式(8.4)可知，$e > PPP$。即发展中国家的币值相对于购买力平价而言被低估，相应的，发达国家的币值相对于购买力平价而言被高估，这就是巴拉萨-萨缪尔森效应的含义。

巴拉萨-萨缪尔森效应给我们的启示是：发达国家的币值高估和发展中国家的币值低估，是经济发展水平不同所造成的客观差异。就中国的情况而言，人民币的名义汇率与国际主要经济组织测算的人民币购买力平价相比，存在较大幅度的低估，这符合巴拉萨-萨缪尔森效应所描述的现象。但是，由于中国劳动力资源丰富，劳动要素在分配议价中处于相对不利地位，因此，就式(8.1)而言，中国的情况比较接近于 $w < aP$。假设本国可贸易品价格不变，则随着劳动生产率的提高，本国工资上升幅度较小，从而，本国不可贸易品价格上升也较慢。在可贸易品价格不变的情况下，本国名义汇率不变，从而，本国货币实际升值幅度也会小于巴拉萨-萨缪尔森效应中所描述的幅度。

巴拉萨-萨缪尔森效应在解释现实过程中的另外一个问题是，该效应假定一价定律存在于所有可贸易品的交换之中，从而汇率由两国所有可贸易品的价格对比决定。事实上，即使是可贸易品交换，也存在垄断、特权等因素对价格的影响。一价定律只存在于那些可自由移动、自由交易、充分竞争的商品交换之中，因为只有这类商品的交换中才存在套利，而套利是一价定律成立的充要条件。发展中国家垄断资源显然比发达国家少，因此，发展中国家套利商品国际交换

决定的汇率肯定会低于全部商品国际交换决定的汇率,全部商品国际交换决定的汇率又低于全部商品(包括全部贸易品和全部非贸易品)对比决定的汇率。这一原理对中国也同样适用。

3. 请讨论储备货币国发行储备货币的得失,并请谈谈你对人民币国际化的看法。

答:通过发行储备货币为世界提供清偿力,储备货币发行国获得的收益包括:用本国发行的储备货币为本国国际收支赤字融资,以及获得国际经济协调中的非对称性地位。而其成本在于增加了本国货币政策的不确定性,以及可能造成本国国际储备流失。

对于非储备货币国而言,由于其货币不被他国接受,不能作为国际清偿手段,所以当发生国际收支赤字时,它们只能动用本国外汇储备或进行国际借贷,最终会形成实际资源从本国的输出或本国产出下降;而储备货币国的国内货币就可以作为国际清偿手段,于是只需要输出本国货币就可以为本国国际收支赤字融资。在信用本位制度下,对于本国货币的购买力或可兑换性,储备货币国并不需要做出保证,而且为国际收支赤字融资的储备货币直接流出国外,并不直接影响本国国内的货币政策,这都降低了国际收支赤字的调节成本。

由于非储备货币发行国会较为倾向于将储备货币作为储藏手段,并与储备货币发行国保持相对稳定的汇率,因此储备货币发行国在执行货币政策上拥有非对称的优势。对于储备货币国而言,在为国际收支赤字融资时,执行了扩张性的货币政策;而非储备货币发行国为维持汇率稳定,就要被动进行本国货币的扩张,从而带来通货膨胀。由于维持汇率稳定的努力由非储备货币发行国承担,所以储备货币发行国能同时具有维持货币政策独立性、保持稳定汇率和资本自由流动三个特征,而且在一定条件下(进口以本国货币计价)还能阻隔国际通货膨胀,而将通货膨胀输出。这样,储备货币发行国突破了开放经济的三元悖论,享受了不对称的国际协调地位。

就储备货币发行的成本而言,由于储备货币是国际清算和支付所使用的货币,因此储备货币的流通将超出本国范围,大量地出现在离岸金融市场上,这将造成本国货币数量调节的困难。具体而言,当储备货币国采取货币紧缩政策、减少货币供应时,国内的商业银行将很容易从欧洲货币市场借入本币资金以满足客户的借款需求,从而使货币紧缩政策难以奏效;当储备货币国采取货币扩张政策时,本国利率下降,又会有一部分货币流向国外,从而削弱了扩张性货币政策的效果。此外,如果在货币体系中,储备货币能够按固定比例与黄金等贵金属兑换,那么,储备货币的外流,将造成储备货币发行国黄金储备的减少,最终造成储备货币地位的不可维持,这也是储备货币发行的代价之一(布雷顿森林体系的崩溃即与此有关)。

人民币国际化看法略。

4. 请利用两国条件下的蒙代尔-弗莱明模型,分析固定汇率制度下本国货币扩张和财政扩张的效果(只需考虑溢出效应,无需考虑反馈效应),并将此与小型开放经济条件下的政策效果进行比较。

答:两国的蒙代尔-弗莱明模型假设存在着两个相同规模的国家,它们两国之间的资本能够完全流动,从而宏观经济政策也能相互影响。当一国经济内部发生突然冲击时,根据两国的蒙代尔-弗莱明模型,冲击会通过三种传导机制向另一国传递。第一,收入机制。边际进口倾向的存在,使得一国国民收入的变动导致该国进口(即另一国出口)发生变动,这通过乘数效应带来另一国国民收入的变动。第二,利率机制。当一国利率发生变动时,会带来资金在国家间的流动,这便会带来相应变量(如利率或汇率)发生变动,从而对另一国经济产生影响,在资金完全流动的情况下,国际资金流动最终会使得两国利率相同,进而对两国的国内均衡产生影响。第三,相对价格机制。相对价格机制包含两个方面:其一是汇率不变但一国国内的价格水平发生变动,其二是本国名义汇率发生变动。由于实际汇率是由名义汇率和价格水平共同决定的,因此,上述任何一种变动都会引起实际汇率的变动,带来两国商品国际竞争力的变化,从而对别国经济产生冲击。

因为这些机制的存在,两国的蒙代尔-弗莱明模型中的 IS 曲线

会受到外国产出 Y^* 的影响。在 i-Y 平面内,随着外国产出 Y^* 的增加,外国对本国产品的需求上升,本国需求增加,本国 IS 曲线右移。

在只有两个国家,且国际资本完全流动的情况下,两国利率相等是国际收支平衡的充要条件,因此可以省略 BP 曲线,只要两国最终的利率一致,国际收支就能达到平衡。

两国经济的平衡状态如图(a)所示,外国的相应变量都用 * 号表示。两国初始的利率水平为 i_0,产出水平分别为 Y_0 和 Y_0^*。

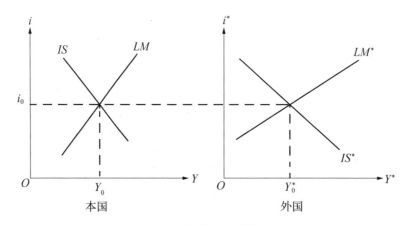

(a) 两国的蒙代尔-弗莱明模型

假定两国各自的物价水平不变,在固定汇率制下,相对价格机制不发生作用。

(1) 货币政策的国际传导。

我们假定本国采取扩张性的货币政策,在不考虑各国相互影响时,这一政策会引起 LM_0 曲线右移至 LM_1,本国利率下降,产出增加,如图(b)所示。

就收入机制而言,本国产出的增加会引起本国进口的上升,也就是外国出口的上升,这使外国的 IS_0^* 曲线右移至 IS_1^*,外国产出上升,利率提高。

就利率机制而言,本国货币扩张使本国利率水平低于外国利率水平,大量资金从本国流向外国,在外汇市场上本币供给增加、外币

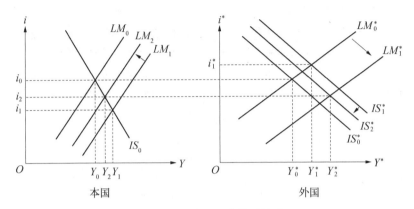

(b) 固定汇率制下的货币扩张

需求增加。我们假定两国负有同等的维护固定汇率的义务,则两国政府会同时在外汇市场上进行干预,导致本国外汇储备降低、货币供给减少,LM_1 曲线左移到 LM_2;外国外汇储备增加,货币供给增加,LM_0^* 曲线右移到 LM_1^*。LM 曲线的移动,带来本国利率上升、外国利率相对下降。另外,在本国 LM_1 曲线左移过程中,本国国民收入下降,这通过边际进口倾向带来外国出口降低,IS_1^* 曲线左移到 IS_2^*。显然,当上述变动的共同效果使本国利率水平与外国利率水平相等时,两国经济重新处于平衡状态。此时,世界货币存量高于期初水平,两国利率水平相等时确定的世界利率水平 i_2 低于货币扩张前的利率水平 i_0,两国产出水平都高于货币扩张前的产出水平。

在两国条件下,固定汇率制下的货币扩张能够带来本国的产出扩张,其效果低于封闭条件(这里指图(b)中的 Y_1),但高于小型开放经济条件下的情况(在小型开放经济条件下,本国货币扩张是完全无效的)。同时,它还造成了外国产出的上升,即国内货币扩张对外国经济有正的溢出效应。出现这组现象的原因在于,在两国模型下,本国和外国都是大国,通过国际资本流动,一国的货币扩张被两国分摊,对本国和外国都起到了一定的扩张效果。

(2) 财政政策的国际传导。

我们假定本国采取扩张性的财政政策,这一政策会引起 IS_0 曲

线右移到 IS_1，本国利率上升、产出增加，如图(c)所示。

就收入机制而言，本国产出增加同样通过边际进口倾向带来本国进口的增加，从而使外国国民收入增加。由于边际进口倾向的存在，收入机制的传递所带来的外国国民收入增加幅度，低于本国因财政扩张造成的收入增加幅度，这在图上体现为 IS_0^* 曲线较小幅度右移到 IS_1^*，外国的国民收入与利率也都提高了。

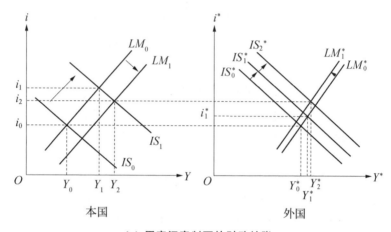

(c) 固定汇率制下的财政扩张

就利率机制而言，IS 曲线的移动使本国与外国的利率水平都提高了，而本国利率水平提高得更多。这样，资金从外国流入本国。为保持固定汇率，本国的货币供给扩张，LM_0 曲线右移到 LM_1，本国国民收入增加，本国利率下降；外国的货币供给收缩，LM_0^* 曲线左移到 LM_1^*，外国国民收入下降，外国利率水平上升。同时，本国 LM 曲线右移带来的本国国民收入增加，又通过收入机制带来外国国民收入的进一步增加，IS_1^* 曲线略有右移，这抵消了一部分 LM_0^* 曲线左移导致的外国国民收入下降（具体是否能全部抵消，取决于外国 IS、LM 曲线的斜率和位置）。以上的调整过程将会持续到两国利率水平相等时为止。此时，世界货币存量基本不变，两国利率水平相等时确定的世界利率高于财政扩张前的利率水平，两国产出水平都高于财政扩张前的产出水平。

在两国条件下,固定汇率制下的财政扩张能够带来本国的产出扩张,其效果类似于小型开放经济条件。同时,它还造成了外国产出的上升,即国内财政扩张对外国经济有正的溢出效应。出现这组现象的原因在于:在两国模型下,本国财政扩张在增加本国产出的同时,也提高了本国利率,而本国利率上升又引起了外国资金的流入,为了维持固定汇率,本国货币出现适应性增加,由此造成本国产出的进一步上升。而本国产出的增加也带来了外国产出的增加。

模拟试题一

一、判断题（10 分＝2 分×5）

1. √。
2. ×。外汇直接管制属于支出转换型政策。
3. √。
4. ×。"二十四国集团"代表了发展中国家的利益,代表发达国家利益的是"十国集团"
5. ×。国际收支综合账户的差额反映为本国国际储备的增减。

二、不定项选择题（15 分＝3 分×5）

1. AC   2. AC   3. ABCD   4. ABCD   5. AD

三、名词解释（20 分＝4 分×5）

请参见本书第一部分"本书术语和定义速查"。

四、简答题（30 分＝15 分×2）

请参见本书各章习题答案和教材。

五、论述题（25 分）

请参见本书各章习题答案和教材。

模拟试题二

一、判断题(10 分＝2 分×5)

1. √。

2. ×。根据蒙代尔最优指派原则的假定，货币政策解决外部平衡更为有效，财政政策解决内部均衡更为有效，因此当一国处于国际收支顺差、国内通货膨胀状态时，应当采用扩张的货币政策和紧缩的财政政策加以调节。

3. ×。

4. √。

5. √。

二、不定项选择题(15 分＝3 分×5)

1. ABCD 2. ABC 3. ABCD 4. ABC 5. ABC

三、名词解释(20 分＝4 分×5)

请参见本书第一部分"本书术语和定义速查"。

四、简答题(30 分＝15 分×2)

请参见本书各章习题答案和教材。

五、论述题(25 分)

请参见本书各章习题答案和教材。

模拟试题三

一、判断题（10 分＝2 分×5）

1. ×。在金本位制度下,国际收支自动调节的"货币—价格机制"的效果最为典型。

2. ×。与外币汇率直接标价法相反,在外币汇率间接标价法下,汇率值数额越大,意味着本币币值越高。

3. ×。IMF 的职责包括向国际收支发生困难的成员国提供必要的临时性资金融通,但不包括发展贷款。后者是世界银行的职能。

4. ×。应当使本币贬值,以减少进口需求、提高出口需求,保持国际收支平衡。

5. √。

二、不定项选择题（15 分＝3 分×5）

1. B　2. A　3. ABC　4. C(说明:巴-萨效应并没有规定货币名义汇率会如何变动,这与货币供应有关。)　5. BC

三、名词解释（20 分＝4 分×5）

请参见本书第一部分"本书术语和定义速查"。

四、简答题（30 分＝15 分×2）

请参见本书各章习题答案和教材。

五、论述题（25 分）

请参见本书各章习题答案和教材。

模拟试题四

一、判断题（10分＝2分×5）

1. ×。一般来说，本国通货膨胀率高会导致本币贬值，在外汇汇率直接标价法下反映为汇率数值上升。

2. √。

3. ×。人民币已于1996年实现经常账户自由兑换。根据IMF的定义，只要实现了经常账户的自由兑换就属于可兑换货币。

4. ×。

5. ×。斯旺模型中的内部均衡曲线从左到右向下倾斜。

二、不定项选择题（15分＝3分×5）
1. D 2. ABC 3. ABCD 4. ABC 5. AC

三、名词解释（20分＝4分×5）
请参见本书第一部分"本书术语和定义速查"。

四、简答题（30分＝15分×2）
请参见本书各章习题答案和教材。

五、论述题（25分）
请参见本书各章习题答案和教材。

模拟试题五

一、判断题（10 分＝2 分×5）

1. ×。布雷顿森林体系的"双挂钩"是指各国货币与美元挂钩、美元与黄金挂钩。

2. ×。亚洲货币危机的重要启示是：当发现固定汇率制度可能难以维持时，应当尽早改变汇率制度，以免引起汇率的突变和国际储备的损失。

3. ×。国际收支平衡表采用复式记账法，复式记账法的基本原则之一就是资产增加、负债减少的交易应记入借方。

4. √。

5. ×。国际借贷说是关于国际收支决定汇率水平的学说。

二、不定项选择题（15 分＝3 分×5）

1. BC 2. ABD 3. D 4. ABC 5. A

三、名词解释（20 分＝4 分×5）

请参见本书第一部分"本书术语和定义速查"。

四、简答题（30 分＝15 分×2）

请参见本书各章习题答案和教材。

五、论述题（25 分）

请参见本书各章习题答案和教材。

模 拟 试 题 六

一、判断题（10 分＝2 分×5）

1. ×。根据 IMF《牙买加协议》，黄金不准用于政府间的国际收支差额清算，但由于黄金具有在国际黄金市场上随时换得外汇的能力，它仍然被视作国际储备的一部分。

2. ×。内部结算价是以当时中国全国的平均出口换汇成本来决定的，它适用于中国境内所有企业与政府之间进出口商品的结售汇。

3. √。

4. ×。国际银行业务设施（IBF）设立于纽约，是欧洲货币市场的一种。

5. ×。票据属于短期资产，它在国际货币市场内交易。

二、不定项选择题（15 分＝3 分×5）
1. AC 2. C 3. AD 4. ABCD 5. C

三、名词解释（20 分＝4 分×5）
请参见本书第一部分"本书术语和定义速查"。

四、简答题（30 分＝15 分×2）
请参见本书各章习题答案和教材。

五、论述题（25分）

请参见本书各章习题答案和教材。

模拟试题七

一、判断题（10 分＝2 分×5）

1. ×。"米德冲突"是指财政货币政策在内部均衡和外部平衡这两个目标之间的冲突。

2. ×。利率平价说是关于汇率决定的理论。

3. ×。资金的流动不但要考虑各国的名义利率,还要考虑预期通货膨胀率、预期汇率变动、投资风险等诸多因素。

4. √。

5. ×。资本和金融账户中的储备账户会发生补偿性交易。

二、不定项选择题（15 分＝3 分×5）

1. ABCD 2. ABC 3. ACD 4. ABC 5. ABD

三、名词解释（20 分＝4 分×5）

请参见本书第一部分"本书术语和定义速查"。

四、简答题（30 分＝15 分×2）

请参见本书各章习题答案和教材。

五、论述题（25 分）

请参见本书各章习题答案和教材。

模拟试题八

一、判断题（10分＝2分×5）

1. ×。国际收支平衡表中包含人为设立的平衡账户（错误和遗漏账户），因此，国际收支平衡表的账户总余额必定平衡。

2. √。

3. √。

4. ×。有效汇率指数是一国货币对其他各国货币汇率的加权平均，它反映的是一国货币对所有其他国家货币的一种平均汇率水平。若一国货币在对另一国货币贬值的同时，对其他国家货币升值，则有效汇率指数不一定会下跌。

5. ×。企业将倾向于使用更多资本以代替劳动，降低生产成本。

二、不定项选择题（15分＝3分×5）

1. A　2. D　3. A　4. CD　5. ABD

三、名词解释（20分＝4分×5）

请参见本书第一部分"本书术语和定义速查"。

四、简答题（30分＝15分×2）

请参见本书各章习题答案和教材。

五、论述题（25分）

请参见本书各章习题答案和教材。

模拟试题九

一、判断题（10分＝2分×5）
1. √。
2. √。
3. ×。
4. √。
5. ×。

二、不定项选择题（15分＝3分×5）
1. AB 2. CD 3. ABC 4. AD 5. ACD

三、名词解释（20分＝4分×5）
请参见本书第一部分"本书术语和定义速查"。

四、简答题（30分＝15分×2）
请参见本书各章习题答案和教材。

五、论述题（25分）
请参见本书各章习题答案和教材。

模拟试题十

一、判断题（10分＝2分×5）

1．×。国际收支顺差会影响本国的汇率水平或国内宏观经济政策的有效性，长期的、大额的国际收支顺差同样需要调节。

2．×。

3．√。

4．√。

5．×。IMF贷款条件原则的理论基础是货币主义，因此，当成员国出现国际收支逆差、支付困难时，IMF的贷款条件要求国内实行紧缩的货币政策。

二、不定项选择题（15分＝3分×5）

1．B 2．ABC 3．BC 4．BD 5．D

三、名词解释（20分＝4分×5）

请参见本书第一部分"本书术语和定义速查"。

四、简答题（30分＝15分×2）

请参见本书各章习题答案和教材。

五、论述题（25分）

请参见本书各章习题答案和教材。

模拟试题十一

一、**判断题**（正确的打√,错误的打×。每题2分,12题,共24分）
1. √。
2. ×。
3. √。
4. √。
5. ×。
6. ×。
7. √。
8. √。
9. ×。
10. ×。
11. ×。
12. ×。

二、**不定项选择题**（少选多选均不给分。每题2分,13题,共26分）
1. C 2. BC 3. C 4. AC 5. ABD 6. ABC 7. BD
8. B 9. AD 10. ABD 11. A 12. AD 13. C

三、**简答题**（每题5分,2题,共10分）
1. 三元悖论为什么是个伪命题,请用蒙代尔-弗莱明模型加以说明。（5分）

答：三元悖论是汇率的固定、资本自由流动和货币政策的独立性或自主性(不被国际收支平衡的要求所绑架)三者之间最多只能取得两者。用蒙代尔-弗莱明模型可以证明：即使资本不流动，余下的两者即汇率固定和货币政策独立之间仍然不能兼得。(2分)(作图2分)

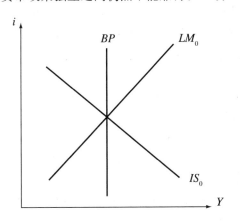

图1-1　固定汇率下资本完全不流动时的M-S模型

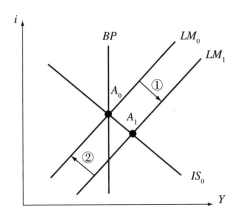

图1-2　图1-1中LM线的移动

图1中，如果为了追求国内目标，货币扩张，LM_0先移向LM_1(图1-2)，新的内外均衡点从A_0移到A_1，落在BP线的右边，表示国际收支逆差，为了维持国际收支平衡和汇率的稳定，央行不得不买

回货币,LM_1又回复到LM_0。由此可见,即使资本完全不流动,货币政策仍然受国际收支平衡要求的绑架,没有独立性。(1分)

2. 请论述特别提款权的性质、特征、定值方法和作用(5分)。

答:(1)性质(1分):SDR是依据国际纪律由IMF创造的一种账面资产和记账单位,它有价值尺度、储藏手段、支付手段的职能,但没有流通手段职能,也不能用于非官方的交易,因此,它不是一种完全的货币。

(2)特征(1分):价值相对稳定,凭国际纪律人为设立的计账单位和账面资产,仅限IMF成员国之间官方使用。

(3)定值方法(1分):依据美元、欧元、人民币、英镑、日元这五种世界主要货币的币值及它们各自获得的权重,经加权平均后确定。(说出各种货币权重值加1分)

(4)作用(1分):在IMF范围内清偿债务、支付份额、换取他国货币、获得贷款、记账等;作为本国汇率的定价基础;充当储备。

四、计算题(写出过程,共10分)

假设港币对美元的即期汇率是HKD7.8/USD1,三个月后的远期汇率是HKD8.0/USD1,三个月后的预期汇率是HKD9.0/USD1,请问:

1. 与即期汇率相比,美元远期汇率的升水率是多少?(请用美元直接标价法列出公式并给出答案)

2. 与远期汇率相比,港币预期贬值率是多少?(请用美元直接标价法列出公式并给出答案)

3. 某基金公司拟用800万港币,利用远期汇率和预期汇率的差进行投机,问:

(1)如果预期准确,在没有杠杆交易的情况下该基金可赚多少?回报率是多少?

(2)如果预期准确,在有杠杆交易(保证金为5%)的情况下该基金可赚多少?回报率是多少?(假定借入资金利息不计)

1. 美元远期汇率的升水率 $=\dfrac{f-e}{e}=\dfrac{8.0-7.8}{7.8}=2.564\%$

(2.5 分)

2. 港币预期贬值率 $=\dfrac{e_1-e_0}{e_1}=\dfrac{9.0-8.0}{9.0}=11.111\%$　(2.5 分)

3.（1）用 800 万港币在远期市场上换得 100 万美元，三个月后抛出 100 万美元得到 900 万港币，可赚 100 万港币，回报率是 $\dfrac{900-800}{800}=12.50\%$

(2.5 分)

（2）用 800 万港币在远期市场上换得 100 万美元作为保证金，可购入 2 000 万美元，三个月后抛出 2 000 万美元得到 $2\,000\times 9=18\,000$ 万，可赚 $18\,000-800=17\,200$ 万港币，回报率是 $\dfrac{172\,000}{800}=2\,150\%=21.5$ 倍。

(2.5 分)

五、分析题（每题 15 分，2 题，共 30 分）

1. 请论述在货币危机理论、货币危机（投机攻击）发生机制以及次贷危机成因的分析中利率的作用，中国可以从中得到哪些启迪。(15 分)

答题要点：

（1）第二代货币危机理论中，事件→贬值预期→投机攻击→利率上升→经济活动受阻，维持固定汇率或汇率不变的成本上升→放弃利率上升→本币贬值→投机成功。(3 分)

（2）货币危机发生机制认为：货币投机攻击→利率上升股价下跌→汇市股市配合操作（立体投机）→更大的赚钱效应→刺激投机。(3 分)

（3）货币危机发生机制认为：利率太低→有助于放大资金的利用量，形成杠杆效应（通过保证金制度和同业拆借）→有助投机成功。(3 分)

（4）次贷危机发生的原因之一是：先是利率太低从而导致大量的房地产次级贷款，后是利率上升引发借款人还贷成本上升从而屡

屡出现违约,并进而引发次贷危机。(3分)

(5)对中国来讲,充分发展货币市场、严格监管货币市场、灵活运用利率,可以有效遏止危机的发生(可自由发挥,但须言之有理)。(3分)

2. 什么是港币联系汇率制?在这个制度下,如果由于中国经济疲软而可能执行持续的货币宽松政策,又由于美国初显通胀端倪而可能执行持续的货币紧缩政策,在这种情况下,请结合香港经济的实际,谈谈你对港币联系汇率制优劣以及港币未来的看法。

答题要点:

写出联系汇率制的定义和主要内容。(4分)

能对港币联系汇市制的优劣作出初步的分析。(4分)

能对港币未来作出独到分析且层次感丰富。(4分)

卷面整洁、条理清楚、逻辑性强。(3分)

模拟试题十二

一、判断题（正确的打√，错误的打×。每题2分，12题，共24分）

1. ×。
2. ×。
3. √。
4. ×。
5. √。
6. √。
7. ×。
8. √。
9. √。
10. ×。
11. √。
12. √。

二、不定项选择题（少选多选均不得分。每题2分，10题，共20分）

1. ACD 2. D 3. AD 4. ABCD 5. ABCD 6. ACD
7. ABCD 8. AD 9. BCD 10. ABCD

三、名词解释与简析（第1题10分，第2题8分，第3题8分，共26分）

1. 汇率变动的双缺口模型（10分）

(1) 给出明确定义。（4分）

双缺口模型是关于经济增长方式与汇率之间关系的一个模型,它是基于内部均衡而言的。经济增长方式可分为外延增长和内涵增长。$Y_{外}$是由要素投入增加而引起的增长,$Y_{内}$是由单位要素的产出增加而引起的增长。(2分)

本币汇率的低估有利于外延经济增长,本币汇率的高估有利于内涵经济增长,以此为标杆的实际汇率可以表达为:$R = e\dfrac{Y_{外}}{Y_{内}}$。汇率变动的双缺口模型是可持续增长条件下(长期)内部均衡决定的汇率与汇率实际运行之间所产生的差异而形成的。(2分)

(2)标出图 1-a 和图 1-b 的缺口名称(填在虚线框中),并简析"双缺口"的产生原因。(4分)

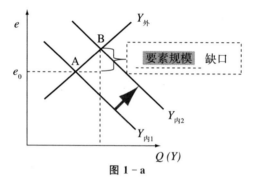

图 1-a

简析:如果内涵经济首先过快增长,$Y_{内}$右移而 e 不变,R 下降,本币走向高估,不利于外延经济相应也增长,形成汇率的要素规模缺口。(2分)

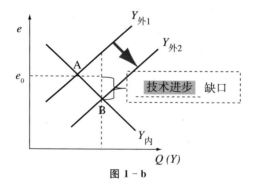

图 1-b

简析：如果外延经济首先过快增长，$Y_{外}$ 右移而 e 不变，R 上升，本币低估，不利于内涵经济相应也增长，形成汇率的技术进步缺口。(2分)

(3) 补全图 1-c 和图 1-d，简析长期汇率正确的演进方向（2分）

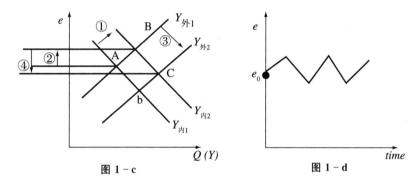

图 1-c   图 1-d

简析：

如图 1-c：正确的做法应该是当 $Y_{外}$ 更快增长时，应让本币升值，使汇率从 A 走向 b，从而使 $Y_{内}$ 也能相应增长。

反之，如果 $Y_{内}$ 首先更快增长，则应让本币贬值，使汇率从 A 走向 B，从而使 $Y_{外}$ 也能相应增长。

最终，从长期来看，随着 $Y_{外}$ 和 $Y_{内}$ 轮番平衡增长，汇率会随时间波浪向前（如图 1-d）(2分)

2. 托宾税（8分）

美国经济学家詹姆斯·托宾于1972年提出，指对跨境流动的短期资金课征税收，征税可以减少资金的过度流动，等于是向飞速流动的资金轮子中掺了些沙子，可以缓解短期资金跨境流动的频率和规模。(2分)

托宾税的主要目的有：

(1) 使政府更为灵活自主地执行货币（利率）政策。

(2) 稳定汇率，稳定金融市场，抑制过度投机。

(3) 引导跨境流动的资金流向长期（实体）经济。

(4) 增加政府的税收。(2分)

但是,也有人认为托宾税有违市场原则,是政府干预市场的一种手段,试图用行政手段来干预资源配置,会削弱市场效率,阻碍资金自由流动,形成复汇率,甚至可能导致税收权力的滥用。

在技术上,是由一个国家单独征收还是双边甚至全球统一征收。如果一个国家单独征收,会使该国在全球资源配置中处于不利地位;如果双边或多边统一征收,则难以达成全球共识,税率也难以统一。

另外,对即期交易征收还是对远期交易征收;对资金流出的交易征收还是对资金流入的交易征收,都会对汇率造成不同影响,从而产生争议。(4分)

3. 从需求/收入弹性角度出发讨论货币供应量不变条件下一国货币持续贬值对该国产业结构的影响。(8分)

(1) 需求的收入弹性 η = 需求的变动率/收入的变动率。(1分)

(2) 模型的基本假定:① 该国生产两种产品,分别为 X 和 Y,X 产品为高端产品,其需求收入弹性相对较高,Y 产品为低端产品,其需求收入弹性相对较低;② 该国的货币供应量保持不变;③ 不考虑汇率变动对劳动生产率的影响。(2分)

(3) 本国货币贬值后,因货币供应量不变,本国实际收入下降,所以对 X 和 Y 产品的需求都会下降,由于 X 产品的需求收入弹性高于 Y 产品,导致 X 产品的需求下降幅度大于 Y 产品,进而 X 产品的价格相对 Y 产品下降。将两个因素综合起来,如果 X 产品和 Y 产品的需求收入弹性差距足够大,那么在本国货币贬值后,X 产品相对 Y 产品会变得更加便宜。(2分)

(4) 价格配置资源,X 产品相对 Y 产品变得更加便宜,从而资源会较多流入 Y 产品的生产,本国需求收入弹性较大的 X 部门的生产规模将会相对缩小,需求收入弹性较小的 Y 部门的生产规模将会相对扩大,由此造成本国产业结构的低端化倾向。(2分)

(5) 卷面整洁或有创见或条理清晰。(1分)

四、计算题（共 15 分）

设 B 国货币与 M 国货币之间 5 月 1 日的汇率水平为 B5.5/M1，三个月后的远期汇率水平与之相同，但投机者认为三个月后 B 币会对 M 币发生大幅度贬值。于是，投机者以自有资本金 3 300 万 B 币在远期市场上提前买入 M 币 600 万，到三个月后的 8 月 1 日，B 币果真发生预期中的贬值，投机者抛出原先购入的 600 万 M 币，换回 B 币，如预期那样获利 20%。

1. 请问投机者当初关于三个月后的 B 币预期汇率是多少？

投机者获利 20%，就是 3 300 万/5.5×E＝3 300 万×1.2，E＝6.6（4 分）

2. 在用于攻击的自有资本金总量不变以及上述预期汇率水平不变的情况下：

（1）投机者想获利 50%，那么 5 月 1 日发生攻击时该投机者需同时借入多少 B 币（利息不计）来追加到他的投机活动中，才能达到目标？

借入资金后获利 50%，总收入就是 3 300 万×1.5＝4 950 万

设借入资金数为 X，有

(3 300＋X)/5.5×6.6－X，X＝4 950

（2）在这三个月中，B 币和 M 币彼此之间的升贬值率各是多少？

B 币对 M 币的贬值率为 16.7%（2 分）；M 币对 B 币升值率为 20%（2 分）。

（3）如果在 B 国央行的干预下，同业市场 B 币短期借款利率上升，请进行不定项选择（错选少选多选均不得分）：（3 分）

A. 月平均短期利率上升到 5% 时，该借款投机无利可图就会停止。

B. 月平均短期利率上升到 6% 时，该借款投机无利可图就会停止。

C. 月平均短期利率上升到 7% 时，该借款投机无利可图就会停止。

D. 月平均短期利率上升到 8% 时,所有投机活动无利可图就会停止。

正确答案是 C。

五、分析题(共 15 分)

哪些因素会影响汇率,请分析理由。你认为在中国国情条件下,人民币均衡汇率的基准应该是什么?人民币在可预见的未来,应当保持适当低估还是高估,为什么?

说出影响因素,每个 1 分,最多得 5 分。

分析言之有理 5 分

有创意 3 分

条理清楚,卷面整洁 2 分

模拟试题十三

一、判断题（正确的打√,错误的打×。每题2分,9题,共18分。）

1. ×。
2. ×。
3. √。
4. √。
5. ×。
6. √。
7. √。
8. ×。
9. √。

二、名词解释与计算简析题（第1题6分,第2题10分,共16分）

1. 汇率变动的棘轮效应有不同的概念：

第一种是指就经济增长方式而言,本币贬值能较快刺激本国外延经济增长,而本币升值由于存在三个约束而不能较快带来内涵经济增长,形成升贬值效应的不对称；

第二种是指固定汇率制下,货币有贬值压力的国家被迫回笼本币,流通中的货币减少,由于价格刚性,物价不易下降；反之,货币有升值压力的国家被迫投放货币,流通中的货币增加,物价上升。这就是固定汇率制下汇率变动对通胀影响的不对称；

第三种是指浮动汇率制度下,货币汇率下浮国家进口物价和整体物价水平上升,而货币汇率上升国家则因价格刚性其物价不能同比下降。这就是浮动汇率制下汇率变动对通胀影响的不对称性。

(以上只要说出结果就行,无须说出理由)

2. 计算和简析

A 国在某年的对外交易如下:

① A 国甲企业获得本国商业银行技术改造贷款 1 000 万元,然后用该 1 000 万元按 1∶5 的汇率,向 A 国中央银行兑换,得到 200 万美元,用于进口一套新的生产设备;

② A 国乙企业以设备形式向 B 国投资 1 000 万美元,用于建立一个合资企业;

③ A 国居民向本国中央银行兑换得 50 万美元,用于在 C 国的旅游支出。

(1) 将上述三笔交易按复式记账原理做出会计分录(要求详细到给定科目)。(3 分)

(2) 根据会计分录,将相关数字填入下表,做出 A 国的国际收支平衡表,差额项前用"＋"表示顺差,用"－"表示逆差。(3 分)

	借	贷	差额
货物			
服务			
收益			
经常转移			
经常账户小计			
直接投资			
储备资产			
资本与金融账户小计			
总计			

(3) A 国经常账户差额为_____万美元(顺差用"＋"表示,

逆差用"－"号表示)。按汇率决定的国际借贷说,如果不考虑资本账户,A 国经常账户差额会使该国货币升值_____贬值_____还是不变_____?(请在相应的选择后打√,并说明理由)(2 分)

(4) A 国该年发生自主性交易的借方金额为_____,贷方金额为_____,差额为_____。(2 分)

答:(1) ① 借:经常项目——货物进口　　200 万美元
　　　　　贷:储备资产　　　　　　　　200 万美元
② 借:资本与金融项目——直接投资　1 000 万美元
　　贷:经常项目——货物出口　　　　1 000 万美元
③ 借:经常项目——服务(旅游)　　　50 万美元
　　贷:储备资产　　　　　　　　　　50 万美元

(2)

	借	贷	差额
货物	200	1 000	＋800
服务	50	—	－50
收益			
经常转移	—	—	—
经常账户小计	250	1 000	＋750
直接投资	1 000	—	－1000
储备资产	—	250	＋250
资本与金融账户小计	1 000	250	－750
总计	1 250	1 250	0

(3) A 国经常账户差额为＋750 万美元。按汇率决定的国际借贷说,如果不考虑资本账户,A 国经常账户差额会使该国货币升值_____贬值_____√_____还是不变_____?

理由：因为涉及外汇支付的金额为支出 250 万美元，对外汇有需求，所以本国货币贬值。

（4）A 国该年发生自主性交易的借方金额为 +1 250 万美元，贷方金额为 +1 000 万美元，差额为 -250 万美元。（2 分）

三、不定项选择题（少选多选均不得分。每题 2 分，8 题，共 16 分）

1. A 2. B 3. CD 4. BD 5. B 6. ABD 7. ABCD
8. ABC

四、计算和分析（50 分）

报告期初人民币汇率 e_0 = CNY6/USD1，e_0 为均衡汇率，到报告期末 e_0 始终未变，但报告期内本国物价 P_d 上升了 2%，外国物价 P_f 上升了 3%；本国单位劳动成本（工资）的产出 a_d 上升了 5%，外国单位劳动成本（工资）的产出 a_f 上升了 2%；本国外延经济 $Y_外$ 增长了 3%，本国内涵经济 $Y_内$ 增长了 5%。（请将所有答案写在答题区。）

（1）列出公式，分别以中外物价对比、劳动生产率对比以及外延内涵经济增长对比为标杆计算报告期末实际汇率的值、变动方向和新的均衡汇率水平。（小数点后精确到两位，请用 e_P、e_a、e_Y 分别表示上述相应的新的均衡汇率，以 R_P、R_a、R_Y 分别表示上述相应的实际汇率，各指标指数的期初值均设为 100。）

（2）三种标杆下，新的均衡汇率和初始均衡汇率相比，人民币的升贬值率分别是多少？（列出美元直接标价法下的公式。）

（3）根据课堂学到的知识，就均衡汇率发表一些你个人的独到看法。

（4）为了达到上述新的均衡汇率，下表列出了六种政策手段，请根据实现不同标杆下新的均衡汇率的直接有效性在后面答题区做出选择，直接有效的打√，非直接有效或者无效的打×，不能留空。

手段＼目标	财政扩张	财政紧缩	货币扩张	货币紧缩	本币升值	本币贬值
e_P						
e_a						
e_Y						

(5) 为实现不同标杆条件下新的均衡汇率,假定实现一个目标只使用一个政策手段,根据政策搭配的相关原则,在上表中对应一个目标作出一项政策选择,选中的画圈,并简要说明你选择的政策组合的理由(多选扣分)。

答案：设新均衡汇率分别为 e_P、e_a 和 e_Y,实际汇率分别以 R_p、R_a、R_Y 表示。期初均衡汇率为 $e_0 = 6$,物价指数、劳动生产率指数、增长指数均设为 100。

(1) 本小题共 15 分。

标杆一(物价对比)下：$R_P = e_0 \dfrac{P_f}{P_d}$ (1分), $= 6 \dfrac{103}{102} \approx 6.06$ (1分),本币实际汇率下降(1分);

标杆二(劳动生产率对比)下：$R_a = e_0 \dfrac{a_d}{a_f}$ (1分), $= 6 \dfrac{105}{102} \approx 6.18$ (1分),本币实际汇率下降(1分);

标杆三(增长方式对比)下：$R_Y = e_0 \dfrac{Y_外}{Y_内}$ (1分), $= 6 \dfrac{103}{105} \approx 5.89$ (1分),本币实际汇率上升(1分)。

新的均衡汇率：$\dfrac{e_P}{e_0} = \dfrac{P_d}{P_f}$ (1分), $e_p = 6 \dfrac{102}{103} = 5.94$ (1分) < 6;

新的均衡汇率：$\dfrac{e_a}{e_0} = \dfrac{a_f}{a_d}$ (1分), $e_a = 6 \dfrac{102}{105} = 5.83$ (1分) < 6;

新的均衡汇率：$\dfrac{e_Y}{e_0} = \dfrac{Y_内}{Y_外}$ (1分), $e_Y = 6 \dfrac{105}{103} = 6.12$ (1分) < 6。

(2) 升贬值率计算：本小题共 6 分。

美元汇率直接标价法下人民币汇率贬值率 $=\dfrac{e_1-e_0}{e_1}$；美元汇率直接标价法下人民币升值率 $=\dfrac{e_0-e_1}{e_1}$。

e_P 的升值率 $=\dfrac{6-5.94}{5.94}$（1分）$\approx 1.01\%$（1分）

e_a 的升值率 $=\dfrac{6-5.83}{5.83}$（1分）$\approx 2.92\%$（1分）；

e_Y 的贬值率 $=\dfrac{6.12-6}{6.12}$（1分）$\approx 1.96\%$（1分）。

（3）（本小题言之有理，有独到见解，共5分）均衡汇率因标杆不同而不同，不是唯一的。在数值上，与 e_0 相比，不同标杆下新的均衡汇率可能会出现反向变动，从而使单一的汇率政策不能同时应对两个相反的目标。

（4）如下表（本小题每小格1分，共18分）：

目标＼手段	财政扩张	财政紧缩	货币扩张	货币紧缩	本币升值	本币贬值
e_P	✓	×	✓	×	√	×
e_a	×	×	×	×	✓	×
e_Y	✓	×	√	×	×	√

（5）为了尽可能达到不同标杆下的新的均衡汇率，根据数量匹配原则，须使用多种政策手段并按它们的相对有效性进行搭配。

我会选择用扩张性财政政策来解决 e_Y 的实现，因为财政政策对扩大需求最有效，扩大财政支出能立即带来投资的增长和就业的增长（假定存在相应的闲置生产要素）；

用扩张性货币政策解决 e_P 的实现，因为货币政策对物价最有效，扩张性货币政策能立即使本国的物价水平上升；

用汇率政策来解决 e_a 的实现，因为 a_d/a_f 所反映的是相对价格表示的竞争力，而汇率政策对相对价格关系最有效，汇率变动能直接

(立即)改变两国产品以价格表示的相对竞争力。具体而言,这里就是指本币升值。

需要说明的是:本币升值虽能解决实现 e_a 的问题,也有利于实现 e_P,但不利于实现 e_Y,这时,为了实现 e_Y,就需要加大财政扩张的力度。

(每个圈 1 分,共 3 分;说出理由每个加 1 分,共 3 分,合计 6 分。)

注:e_P 栏中,这两个任选一个都对,只要说出理由,但不能同时选两个。

(注:本题前后所犯同一错误不重复扣分)

参 考 书 目

1. 姜波克编著:《国际金融新编》(第六版),复旦大学出版社2018年版。

2. 姜波克著:《人民币均衡汇率问题研究》,中国经济科学出版社2011年版。

3. 姜波克编著:《汇率原理与人民币汇率读本》(教育部哲学社会科学研究普及读物),江苏人民出版社2014年版。

4. 克鲁格曼等:《国际金融》(第10版),丁凯、陈能军、陈桂军译,中国人民大学出版社2016年版。

5. M. Obstfeld, K. Rogoff. *Foundations of International Macroeconomics*. MIT Press, 2009.

图书在版编目(CIP)数据

国际金融新编习题指南/姜波克,刘沁清编著.—5版.—上海:复旦大学出版社,
2018.8(2023.11重印)
(复旦博学·金融学系列)
ISBN 978-7-309-13773-6

Ⅰ.国… Ⅱ.①姜…②刘… Ⅲ.国际金融-高等学校-习题集 Ⅳ.F831-44

中国版本图书馆 CIP 数据核字(2018)第 158293 号

国际金融新编习题指南(第五版)
姜波克 刘沁清 编著
责任编辑/岑品杰

复旦大学出版社有限公司出版发行
上海市国权路 579 号 邮编:200433
网址:fupnet@FudanPress.com   http://www.fudanpress.com
门市零售:86-21-65102580   团体订购:86-21-65104505
出版部电话:86-21-65642845
上海新艺印刷有限公司

开本 787 毫米×960 毫米 1/16 印张 18 字数 238 千字
2023 年 11 月第 5 版第 7 次印刷
印数 41 101—47 100

ISBN 978-7-309-13773-6/F·2480
定价:36.00 元

如有印装质量问题,请向复旦大学出版社有限公司出版部调换。
版权所有   侵权必究